Grade 7

ISBN: 978-1-927042-19-9

Copyright © 2013 Popular Book Company (Canada) Limited

All rights reserved. No part of this publication may be reproduced, stored in a retrieval system, or transmitted in any form or by any means, electronic, mechanical, photocopying, recording or otherwise, without the prior written permission of the Publisher, Popular Book Company (Canada) Limited.

Printed in China

Canadian Curriculum FrenchSmart

Unité 1	La vie marine	4
Unit 1	Marine Life	
Unité 2	L'impératif	10
Unit 2	The Imperative	
Unité 3	La technologie et l'Internet	16
Unit 3	Technology and the Internet	
Unité 4	Au jardin	22
Unit 4	In the Garden	
Unité 5	Quand? Où? Comment?	28
Unit 5	When? Where? How?	
Unité 6	Le magasinage	34
Unit 6	Shopping	
Unité 7	Les verbes du 3e groupe	40
Unit 7	Verbs from the 3rd Group	
Unité 8	Les nombres : de 1 à 1000	46
Unit 8	Numbers: 1 to 1000	
Unité 9	Au musée	52
Unit 9	At the Museum	

ISBN: 978-1-927042-19-9

Grade 7

Contents

Unité 10   Le transport   58
Unit 10   Transportation

La révision   64
Revision

Mots croisés et mots cachés   70
Crossword Puzzle and Word Search

Réponses   75
Answers

ISBN: 978-1-927042-19-9

Unité 1 : La vie marine

Marine Life

Vocabulaire : Les animaux marins

Grammaire : Les adjectifs irréguliers

Vous êtes une jolie petite méduse!
You are a pretty little jellyfish!

A. Trouvez le mot français correspondant et écrivez-le devant le bon mot anglais.
Find the corresponding French word and write it beside the English word.

1. _____ the squid
   luh kahl·mahr

2. _____ the stingray
   lah pahs·tuh·nahg

3. _____ the crab
   luh krahb

4. _____ the whale
   lah bah·lehn

5. _____ the starfish
   leh·twahl duh mehr

6. _____ the dolphin
   luh doh·fahn

7. _____ the shark
   luh ruh·kahn

8. _____ the lobster
   luh oh·mahr

9. _____ the sea turtle
   lah tohr·tew duh mehr

10. _____ the sea sponge
    leh·pohnj duh mehr

11. _____ the seaweed
    leh zahlg

12. _____ the jellyfish
    lah meh·dewz

13. _____ the octopus
    lah pyuhvr

B. Mettez les animaux marins dans les bons groupes.
Put the sea animals into the correct groups.

Ils ont des tentacules. They have tentacles.
_____

Ils ont une carapace. They have a shell.
_____

Ils ont des nageoires. They have fins/flippers.
_____

la méduse
le crabe
le homard
la pieuvre
le dauphin
le requin
le calmar
la baleine
la tortue de mer

C. Écrivez le nom de chaque organisme. Ensuite reliez-le au bon mot anglais.
Write the name of each life form. Then match it with the correct English word.

- dolphin
- seaweed
- lobster
- octopus
- stingray

1 La vie marine – Marine Life

Grammaire

Les adjectifs irréguliers
Irregular Adjectives

French adjectives must agree in gender and number with the noun they describe.

The general rule to make adjectives feminine is:

adj.(m.) + -e → adj.(f.)

e.g. intéressant (m.)
↓ + -e
intéressant**e** (f.)

French adjectives that take an irregular feminine form are:

m.	f.	
long	longue	long
public	publique	public
doux	douce	soft
faux	fausse	false
favori	favorite	favourite
sec	sèche	dry
blanc	blanche	white

The following table shows the singular endings for masculine and feminine adjectives:

m.	f.	exemple	
-el	-elle	cruel	→ cruelle
-il	-ille	gentil	→ gentille
-en	-enne	canadien	→ canadienne
-on	-onne	bon	→ bonne
-os	-osse	gros	→ grosse
-eau	-elle	nouveau	→ nouvelle
-ou	-olle	mou	→ molle
-eur/eux	-euse	heureux	→ heureuse
-e	doesn't change	triste	→ triste

The general rule to make adjectives plural is:

adj.(sg.) + -s → adj.(pl.)

e.g. intéressante (f. sg.)
↓ + -s
intéressante**s** (f.pl.)

sg.	pl.
-eau	-eaux
-eu	-eux
-ou	-oux
-s/x	doesn't change

D. Écrivez la bonne forme de l'adjectif selon le genre et le nombre du nom.
Write the correct form of the adjective depending on the gender and the number of the noun.

1. une femme _____
   italien

2. une _____ baleine
   beau

3. les méduses _____
   mou

4. les crabes _____
   frais

5. un _____ requin
   gros

6. une algue _____
   doux

7. les _____ homards
   beau

8. une _____ étoile de mer
   gentil

E. Écrivez la bonne forme de l'adjectif.
Write the correct form of the adjective.

Bonjour! Je m'appelle Samuel. J'habite au bord d'un _____ (grand) océan _____ (ancien). Ma mère m'apprend à faire de la plongée sous-marine. J'ai une bouteille de plongée₁ _____ (blanc) et des palmes₂ _____ (gris). Le fond₃ de l'océan est très _____ (sombre₄) parce qu'il est _____ (profond₅). J'aime regarder les pastenagues avec leurs ventres (m.) _____ (blanc) et _____ (doux). Elles ne sont jamais _____ (sec); au contraire, elles sont toujours _____ (mouillé₆) parce qu'elles ne sortent jamais de l'eau. Ma mère, elle aime recueillir₇ de _____ (gros) crustacés₈ comme des crabes et des crevettes. Parfois, nous faisons de la pêche sous-marine ensemble. Les poissons que nous pêchons sont très _____ (délicieux) et _____ (délicat). Quand nous rentrons chez nous, nous faisons cuire₉ les poissons et les crustacés _____ (frais). Ma mère aime bien cette partie₁₀ de la journée!

---

1. *une bouteille de plongée* : a scuba tank
2. *une palme* : a flipper
3. *le fond* : the bottom
4. *sombre* : dark
5. *profond* : deep
6. *mouillé* : wet
7. *recueillir* : to gather
8. *le crustacé* : shellfish
9. *faire cuire* : to cook
10. *une partie* : a part

1 La vie marine – Marine Life

La position des adjectifs
The Position of Adjectives

noun + adjective

masculin	féminin
bas	basse
*blanc	blanche
franc	franche
frais	fraîche
sec	sèche
roux	rousse
faux	fausse
public	publique
fou	folle
mou	molle
cruel	cruelle
drôle	drôle

* Most colour adjectives go after the noun.

adjective + noun

masculin	féminin
beau (bel+vowel)	belle
bon	bonne
mauvais	mauvaise
joli	jolie
gentil	gentille
long	longue
court	courte
grand	grande
gros	grosse
petit	petite
premier	première
dernier	dernière
nouveau (nouvel+vowel)	nouvelle
vieux (vieil+vowel)	vieille

In French, most adjectives (especially the longer ones) go after the noun!

e.g.
une fille fantastique
un journal hebdomadaire

However, in some cases (usually when the adjective has only one syllable), they are placed before the noun.

e.g.
une belle fille
un gros journal

F. Ajoutez l'adjectif à la bonne place dans la phrase avec « ^ ».
Add the given adjective in the correct place in the sentence with "^".

1. Je mange beaucoup de légumes. (frais)

2. Elle portent des jupes. (courtes)

3. Nous portons des chandails de hockey. (nouveaux)

4. Mon chien n'aime plus courir dans le parc. (vieux)

5. La robe est dans le magasin. (jolie ; petit)

6. Ils vont bâtir un hôtel à côté du pont. (nouvel ; petit)

G. **Écrivez une phrase pour chaque image en utilisant les adjectifs contraires.**
Write a sentence for each picture by using opposite adjectives.

grande

cruel

premier

longues

A La baleine est _____ , elle n'est pas petite.

B _____

C _____

D _____

H. **Remplissez les tirets avec le bon adjectif comparatif.**
Fill in the blanks with the correct comparative adjectives.

1. La baleine est _____ gentille _____ le requin.
   nicer than

2. La pastenague est _____ le dauphin.
   less funny than

3. La pieuvre est _____ le calmar.
   larger than

4. Le homard est _____ l'étoile de mer.
   less pretty than

5. La tortue est _____ la crevette.
   older than

plus + adj. + que
↳ *more…than*

moins + adj. + que
↳ *less…than*

Unité 2: L'impératif

The Imperative

Révision : Les verbes réguliers en « -ER », « -IR » et « -RE »
L'impératif

Expressions : « Arrête de… »

Arrête de me regarder! Mange!
Stop looking at me! Eat!

A. Copiez les mots.
Copy the words.

Les verbes du…

1ᵉʳ groupe « -ER »	2ᵉ groupe « -IR »	3ᵉ groupe « -RE »
parler to talk	choisir to choose	répondre to answer
pahr·leh	*shwah·zeer*	*reh·pohndr*
sauter to jump	finir to finish	attendre to wait
soh·teh	*fee·neer*	*ah·taandr*
manger to eat	remplir to fill	rendre to return
maan·jeh	*raam·pleer*	*raandr*
nager to swim	obéir to obey	entendre to hear
nah·jeh	*oh·beh·yeer*	*aan·taandr*
marcher to walk	réussir to succeed	défendre to defend
mahr·sheh	*reh·ew·seer*	*deh·faandr*
chanter to sing	nourrir to feed	vendre to sell
shaan·teh	*noo·reer*	*vaandr*

10   Canadian Curriculum FrenchSmart • Grade 7

Les terminaisons
Verb Endings

	« -ER »	« -IR »	« -RE »
je	-e	-is	-s
tu	-es	-is	-s
il/elle	-e	-it	—
nous	-*(e)ons	-issons	-ons
vous	-ez	-issez	-ez
ils/elles	-ent	-issent	-ent

* "-eons" is only used in the first person plural of verbs ending with "-GER".

Je vends des œufs.
I sell eggs.

Je mange des œufs.
I eat eggs.

B. Remplissez les tirets avec la bonne forme du verbe donné.
Fill in the blanks with the correct form of the given verbs.

1. Je _____ (finir) toujours mes devoirs.

2. Nous _____ (manger) beaucoup de légumes.

3. Est-ce que tu _____ (rendre) les livres à la bibliothèque?

4. Vous _____ (réussir) dans la vie.

5. Les lapins _____ (sauter) très haut.

6. Ils _____ (obéir) à leurs parents.

7. Tu _____ (répondre) aux questions.

8. Tu _____ (remplir) le verre avec du jus.

9. Je _____ (parler) à mes amis.

10. Il _____ (défendre) sa sœur.

2 L'impératif – The Imperative

L'impératif
The Imperative

The imperative expresses a command or a request. The imperative is used only in the 2nd person singular (tu), 1st person plural (nous), and 2nd person plural (vous). In the imperative, the subject pronouns are not expressed.

	1er groupe « -ER »	2e groupe « -IR »	3e groupe « -RE »
tu you (sg.)	Mange~~s~~! * Eat!	Finis! Finish!	Réponds! Answer!
nous we (pl.)	Mangeons! Let's eat!	Finissons! Let's finish!	Répondons! Let's answer!
vous you (pl./polite "tu")	Mangez! Eat!	Finissez! Finish!	Répondez! Answer!

* In the imperative, "-ER" verbs do not take the usual "-s" ending in the 2nd person singular.

Mangeons!

C. Identifiez la personne qui reçoit la commande. Écrivez la bonne lettre dans la case.

Identify to whom the command is addressed. Write the correct letter in the box.

☐ Répondez à la question!

☐ Lave-toi!

☐ Choisis un livre!

☐ Finissons le cours!

☐ Écoutons les annonces!

D. Remplissez les tirets avec la bonne forme du verbe.
Fill in the blanks with the correct form of the verbs.

Martin,

1. _____ tes devoirs!
   finish

2. _____ tes vêtements!
   wash

3. _____ le chien!
   feed

4. _____ les livres à la
   return
bibliothèque!

5. _____ le gâteau!
   eat

6. _____ la chanson!
   sing (vous)

7. _____ aux questions!
   answer (vous)

8. _____ la bonne réponse!
   choose (vous)

9. _____ de la limonade cet été!
   let's sell

10. _____ le lait au chocolat!
    let's finish

11. _____ les tirets avec la bonne forme.
    fill in (vous)   the blanks with the correct form.

2 L'impératif – The Imperative

L'impératif et la négation
The Imperative and the Negative

Use negative adverbs (ne...pas/jamais, etc.) with the imperative to command or ask someone not to do something.

Negative Adverbs:

- ne...pas not
  e.g. Ne parle pas! Don't speak!

- ne...jamais not ever/never
  e.g. Ne nagez jamais dans le lac! Don't ever/Never swim in the lake!

- ne...plus not anymore/no more
  e.g. Ne regardons plus la télévision! Let's not watch TV anymore!

Remember! "Ne" becomes "n'" when followed by a word that starts with a vowel.

E. Écrivez les phrases impératives au négatif.
Write the imperative sentences in the negative.

1. Lave mon chandail à la machine! (ne...pas)

   _____

2. Nageons dans le lac! (ne...jamais)

   _____

3. Jouez au football américain sans casques! (ne...jamais)

   _____

4. Mange des bonbons! (ne...plus)

Expressions

En anglais :
In English

"Stop (verb) + '-ing'."
"Let's stop (verb) + '-ing'."

En français :
In French

« Arrête/Arrêtez de + infinitif »
« Arrêtons de + infinitif »

Arrêtez de rire!
Stop laughing!

F. Commandez aux gens de s'arrêter.
Command the person to stop what they are doing.

1. Jacqueline parle. (tu)

   _____

2. Nous étudions. (nous)

   _____

3. Manon saute sur son lit. (tu)

   _____

4. Marc et Julie nagent dans la piscine. (vous)

   _____

5. Elles salissent leurs robes. (vous)

   _____

6. Le chat marche sur le canapé. (tu)

   _____

7. Samuel et Joseph écoutent aux portes. (vous)

   _____

Unité 3 : La technologie et l'Internet

Technology and the Internet

Vocabulaire : Le jargon informatique

Grammaire : L'interrogatif et l'inversion

Je peux voir ma famille sur l'écran!
I can see my family on the screen!

A. Copiez les mots.
Copy the words.

l'ordinateur (m.) the computer

lohr·dee·nah·tuhr

A l'imprimante (f.)
the printer

lahm·pree·maant

B l'écran (m.)
the screen

leh·kraan

C le clavier
the keyboard

luh klah·vyeh

D la souris
the mouse

lah soo·ree

l'icône (f.)
the icon

lee·kohn

l'Internet (m.)
the Internet

lahn·tehr·neht

la page d'accueil
the home page

lah pahj dah·kuhy

l'aide (f.)
help

lehd

le site Web
the website

luh seet wehb

le curseur
the cursor

luh kuhr·suhr

le message
the message

luh meh·sahj

le courriel
the email

luh koo·ryehl

le blogue
the blog

luh blohg

Grade 7

Les verbes

"Télécharger" is conjugated like "manger/nager".
*1ʳᵉ personne plurielle → télécharg**e**ons*

« **envoyer** »

j'envoie
tu envoies
il/elle envoie
nous envoyons
vous envoyez
ils/elles envoient

envoyer
to send
_____
aan·vwah·yeh

rechercher
to search
_____
ruh·shehr·sheh

télécharger
to download
_____
teh·leh·shahr·jeh

taper
to type
_____
tah·peh

surfer
to surf
_____
suhr·feh

bloguer
to blog
_____
bloh·geh

cliquer
to click
_____
klee·keh

annuler
to cancel
_____
ah·new·leh

imprimer
to print
_____
ahm·pree·meh

B. Complétez les phrases avec les bons mots.
Complete the sentences with the correct words.

1. Béatrice _____ (types) sur _____ (keyboard).

2. Marie _____ (surfs) sur _____ (the Internet).

3. Stéphane _____ (clicks) sur _____ (the icon).

4. Vous _____ (type) votre mot de passe.
   moh duh pahs
   password

5.
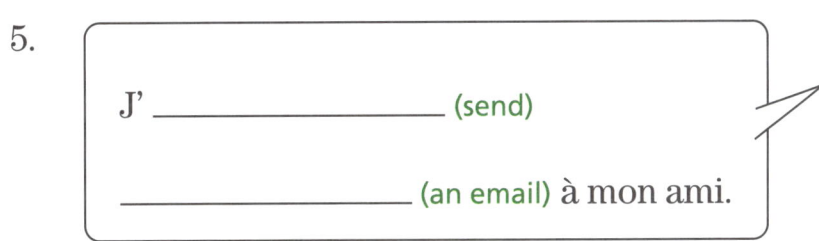
J' _____ (send)
_____ (an email) à mon ami.

17

3 La technologie et l'Internet – Technology and the Internet

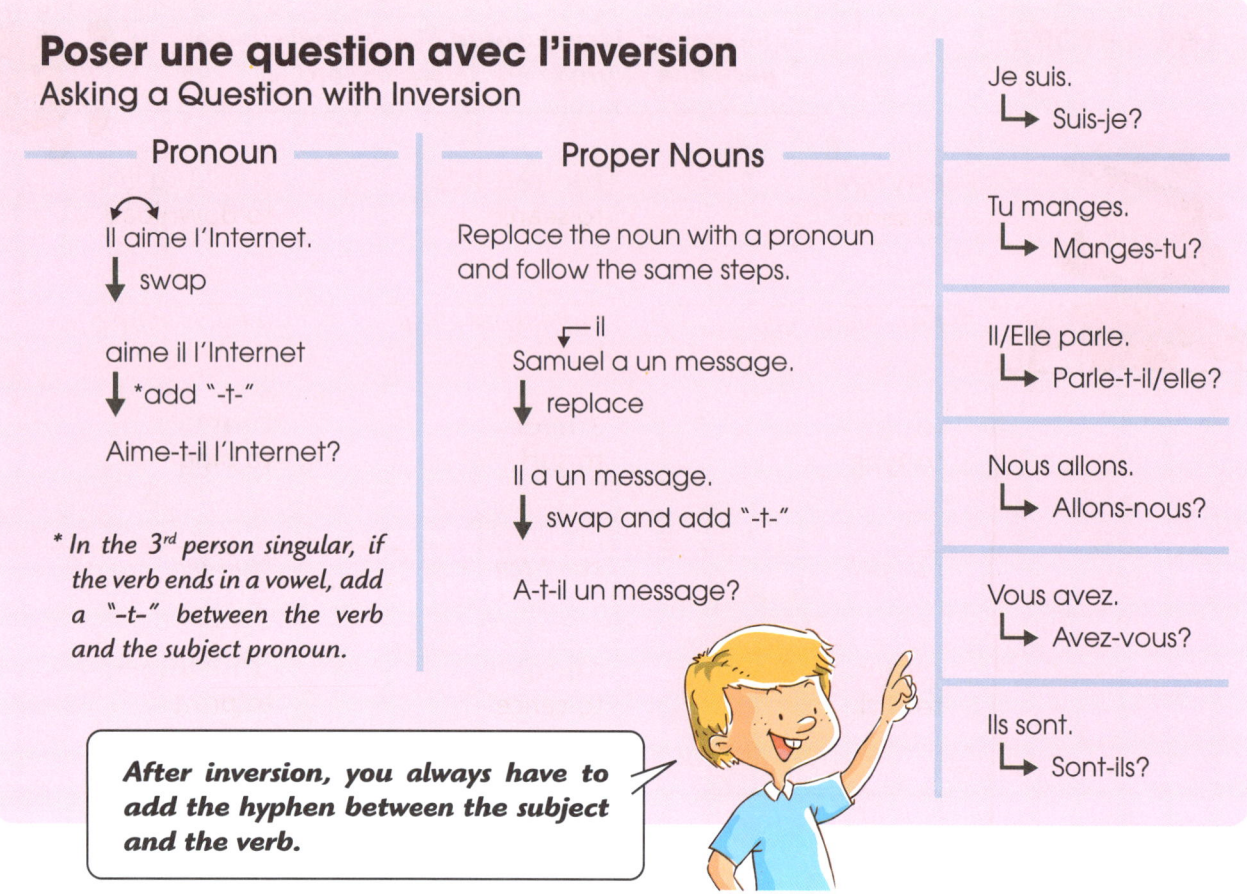

C. Changez les phrases en questions avec l'inversion.
Change the sentences into questions using inversion.

1. L'étudiant a besoin d'aide.
   _____

2. Moi et Luc cherchons le mot clé sur le site Web.
   _____

3. Son adresse électronique est vjoor245@popular.com.
   _____

4. Zoé télécharge ses devoirs du site Web.
   _____

L'adjectif interrogatif « quel »
The Interrogative Adjective "Quel"

« Quel » what/which

- can be followed by a noun
  e.g. Quelle saison préfères-tu? Which season do you prefer?
- can be followed by "être + noun"
  e.g. Quelle est ta saison préférée? What is your favourite season?
- must always agree in gender and number with the noun that follows

Les différentes formes de « quel »

quel (m.sg.)
quelle (f.sg.)
quels (m.pl.)
quelles (f.pl.)

Quel moule préfères-tu?
Which mould do you prefer?

Je préfère l'étoile. Quel est ton moule préféré?
I prefer the star. Which mould do you prefer?

D. Remplissez les tirets avec la bonne forme de « quel ».
Fill in the blanks with the correct form of "quel".

1. _____ mot de passe (m.) choisis-tu?

2. _____ est ton courriel?

3. _____ imprimantes avez-vous à la maison?

4. _____ site Web visites-tu régulièrement?

5. _____ souris utilise-t-elle?

6. _____ blogues aiment-ils les plus?

7. _____ message envoyons-nous?

8. _____ sont les adresses (f.pl.) les plus importantes?

3 La technologie et l'Internet – Technology and the Internet

E. Complétez les phrases. Ensuite répondez aux questions.
Complete the sentences. Then answer the questions.

1. _____ est le courriel de Jérôme?

   Le courriel de Jérôme est _____ .

2. _____ est l'adresse de la page d'accueil?

   _____

3. _____ est la couleur principale de la page?

   _____

4. Sur _____ image (f.) le curseur se trouve-t-il?

   _____

5. _____ est le mot de passe de Jérôme?

   _____

6. Jérôme envoie le courriel à _____ adresse (f.)?

   _____

F. Répondez aux questions avec « oui/non » à l'aide de l'image en question E.

Answer the questions with "Oui/Non" with the help of the picture in question E.

1. Le garçon crie-t-il « Envoyez! »?

   _____ , le garçon crie « Envoyez! ».

2. Jérôme, est-il sur la page d'accueil?

   _____

3. Jérôme, clique-t-il sur l'icône de l'imprimante?

   _____

4. Jérôme, envoie-t-il le message?

   _____

5. Le garçon, est-il à gauche du message?

   _____

6. Le mot de passe, est-il « mélodie333 »?

   _____

7. Le message, a-t-il un sujet?

   _____

8. Jérôme, annule-t-il le message?

   _____

Unité 4: Au jardin

In the Garden

Vocabulaire : Mots pour faire du jardinage
Révision : « Est-ce que... »
Grammaire : Les pronoms et les adverbes interrogatifs

Qu'est-ce que vous aimez faire dans votre jardin?
What do you like to do in your garden?

A. Copiez les mots.
Copy the words.

Dans mon jardin il y a...

l'herbe (f.)
the grass
_____
lehrb

les fleurs
the flowers
_____
leh fluhr

le ver
the worm
_____
luh vehr

la brouette
the wheelbarrow
_____
lah broo·eht

la terre
the earth
_____
lah tehr

la pelle
the shovel
_____
lah pehl

le gazon
the lawn
_____
luh gah·zohn

l'arrosoir (m.)
the watering can
_____
lah·roh·zwahr

Dans mon jardin j'aime...

tondre to mow
_____
tohndr

arroser to water
_____
ah·roh·zeh

pousser to grow
_____
poo·seh

cueillir* to gather
_____
kuh·yeer

*"Cueillir" is conjugated like an "-ER" verb.

arracher to rip out
_____
ah·rah·sheh

remplir to fill
_____
raam·pleer

planter to plant
_____
plaan·teh

B. Remplissez les tirets pour compléter les paroles des personnages.
Fill in the blanks to complete what the people are saying.

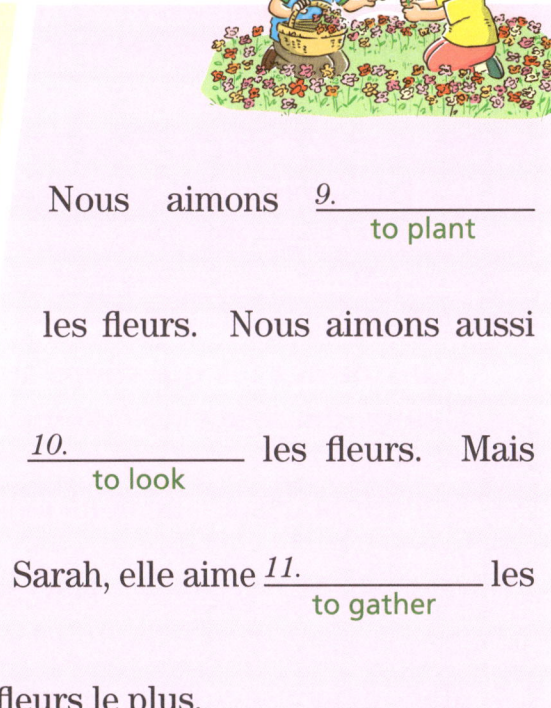

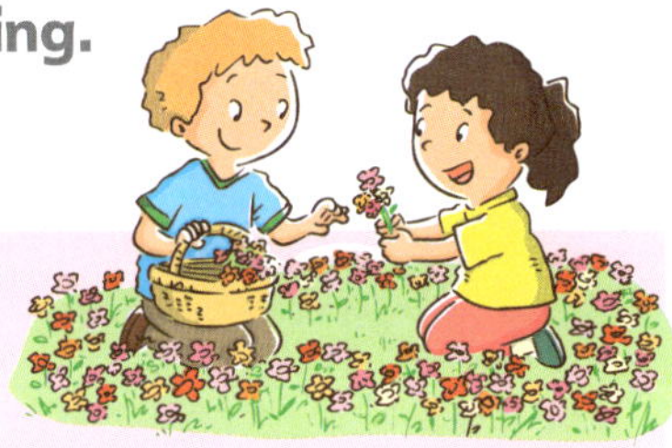

Aujourd'hui, je 1._____ (to go down (au présent)) dans mon

2._____ (garden) pour 3._____ (to mow)

4._____ (the grass). Je 5._____ (to do (au présent))

attention à ne pas 6._____ (to rip out)

7._____ (the flowers). J'aime bien

8._____ (to work)

au jardin.

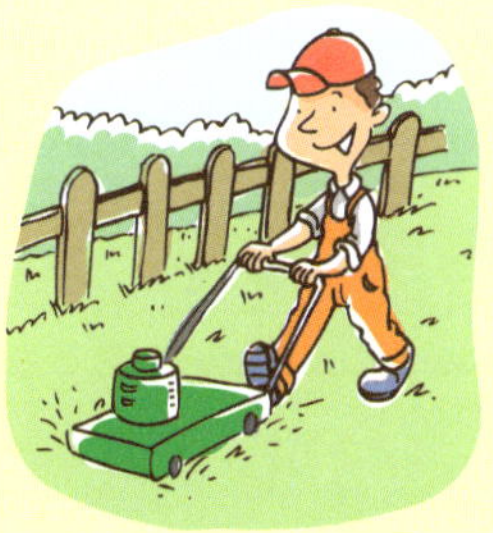

Nous aimons 9._____ (to plant)

les fleurs. Nous aimons aussi

10._____ (to look) les fleurs. Mais

Sarah, elle aime 11._____ (to gather) les

fleurs le plus.

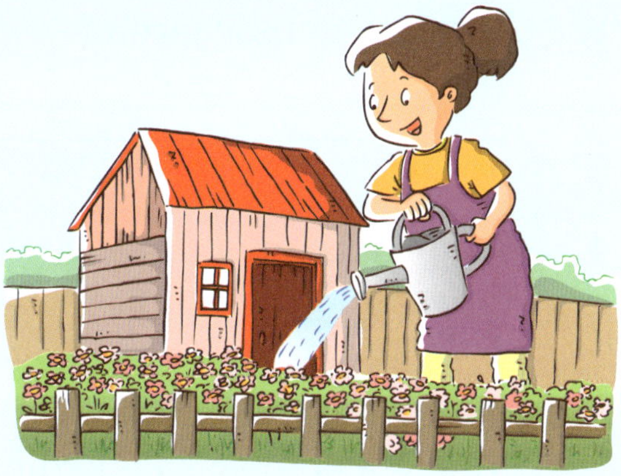

Demain, je vais descendre dans le jardin

pour 12._____ (to water) les fleurs. Je vais

13._____ (to fill) mon gros 14._____ (watering can)

gris avec de l'eau. J'aime 15._____ (to watch) 16._____ (the worms) sur 17._____ (the earth).

Les vers de terre aident les fleurs et 18._____ (the grass) à 19._____ (to grow).

4 Au jardin – In the Garden

Poser une question avec « est-ce que »
Asking a Question with "est-ce que"

In French, you can turn any sentence into a question by putting "est-ce que" at the beginning.

e.g. Le chat est noir et blanc. ← sentence

Est-ce que le chat est noir et blanc? ← question
Is the cat black and white?

C. Transformez les questions suivantes en questions avec « est-ce que ».
Change the following into questions with "est-ce que".

1. La fleur pousse-t-elle dans le jardin?

   _____ la fleur pousse dans le jardin?

2. Manon pousse-t-elle la brouette?

   _____

3. Arrosons-nous le jardin?

   _____

4. Remplis-tu l'arrosoir?

   _____

5. Portes-tu des gants de jardinage?

   _____

6. As-tu faim Minou?
   _____

Grade 7

Les adverbes interrogatifs
Interrogative Adverbs

Quand est-ce que nous allons planter les graines?
When

Comment est-ce que tu tonds le gazon?
How

Combien de vers est-ce que tu as?
How many

Où est-ce qu'il va planter les tomates?
Where

Pourquoi est-ce qu'elle pousse la brouette?
Why

**Quand · Comment
Combien de · Où · Pourquoi**

These interrogative adverbs can also be placed before questions formed with inversion.

D. Encerclez l'adverbe interrogatif correspondant aux mots soulignés.
Circle the interrogative adverb that corresponds to the underlined word.

1. Marie plante des légumes <u>dans le jardin</u>.　　Où / Qui / Comment

2. Je plante <u>trois fleurs</u>.　　Qui / Où / Combien de

3. Le radis pousse <u>sous la terre</u>.　　Quand / Comment / Où

4. Il tond le gazon <u>chaque semaine</u>.　　Quand / Où / Pourquoi

5. J'aime arracher les carottes <u>avec mes mains</u>.　　Combien de / Où / Comment

6. <u>Les garçons</u> arrosent les plantes.　　Quand / Qui / Comment

7. Il n'aime pas la pomme <u>parce qu'elle n'est pas mûre</u>.　　Quand / Où / Pourquoi

4 Au jardin – In the Garden

Les pronoms interrogatifs
Interrogative Pronouns

« **Qui** » who/whom (person)

Subject (who) Qui? Qui est-ce qui?

<u>Marie</u> regarde Paul.
subject (person)

- **Qui** regarde Paul?
- **Qui est-ce qui** regarde Paul?

Object (whom)

Qui + Inversion   Qui est-ce que?

Marie regarde **Paul**.
object (person)

- **Qui** regarde-t-elle?
- **Qui est-ce qu'**elle regarde?

« **Que** » what (thing)

Subject (what) Qu'est-ce qui?

<u>Le chat</u> danse.
subject (thing)

- **Qu'est-ce qui** danse?

Object (what)

Que + Inversion

Qu'est-ce que?

Marie regarde **la télévision**.
object (thing)

- **Que** regarde-t-elle?
- **Qu'est-ce qu'**elle regarde?

E. Encerclez le rôle grammatical du mot souligné. Ensuite posez une question dont le mot souligné est la réponse.

Circle the grammatical role of the underlined word. Then ask a question about the underlined word.

1. Marie mange <u>son repas</u>.   sujet / objet

   Question : _____

2. <u>Marie</u> embrasse son chat.   sujet / objet

   Question : _____

3. Paul aime <u>sa mère</u>.   sujet / objet

   Question : _____

F. Écrivez les questions du journaliste selon les réponses de Murielle.
Write the journalist's questions based on Murielle's answers.

1. **J :** _____ couleurs différentes est-ce que vous avez dans votre jardin?

   M : J'ai trois couleurs différentes dans mon jardin : le jaune, le rouge et le violet.

2. **J :** _____

   M : Je plante mes graines en avril.

3. **J :** _____

   M: Mon jardin est derrière ma maison.

4. **J :** _____

   M : Je plante toujours des roses parce que j'aime la couleur rouge.

5. **J :** _____

   M : J'arrose mes plantes avec un gros arrosoir.

6. **J :** _____

   M : Je cueille mes fleurs avec mes mains.

Unité 5

Quand? Où? Comment?

When? Where? How?

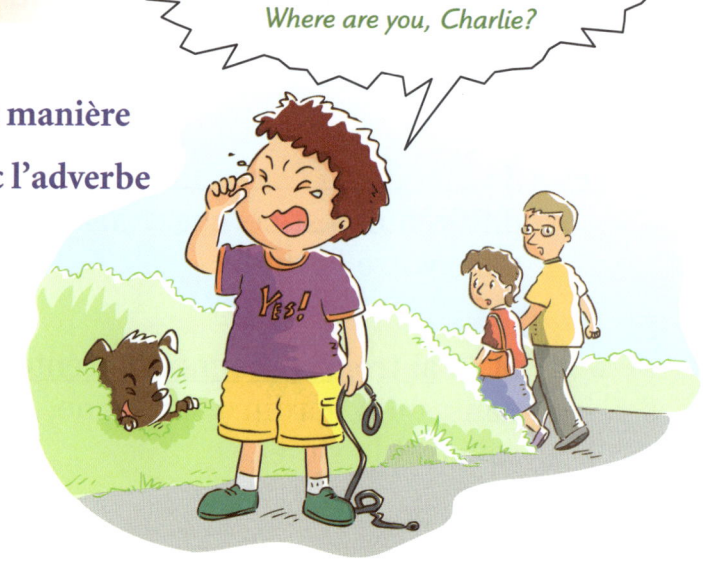

Où es-tu Charlie?
Where are you, Charlie?
Yes!

Vocabulaire : Les adverbes de temps, lieu et manière

Grammaire : L'accord du temps verbal avec l'adverbe

Expressions : « Dans (durée de temps) »

A. Copiez les mots.
Copy the words.

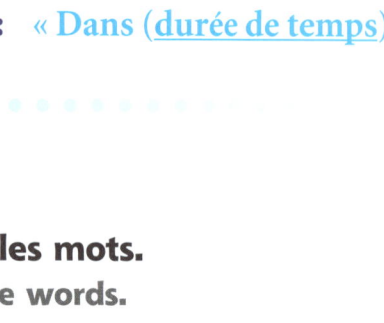

Quand? When?

____
kaan

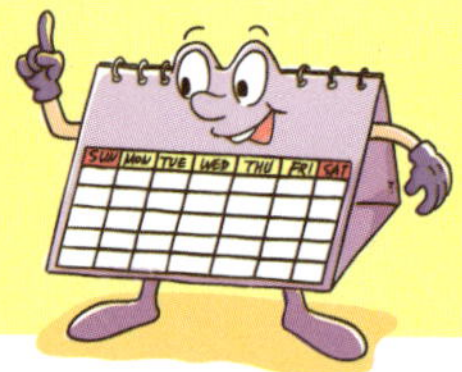

Les adverbes de temps

hier yesterday
____
ee·yehr

aujourd'hui today
____
oh·joor·dwee

demain tomorrow
____
duh·mahn

toujours always/still
____
too·joor

maintenant now
____
mah·tuh·naan

jamais never
____
jah·meh

parfois sometimes
____
pahr·fwah

souvent often
____
soo·vaan

rarement rarely
____
rahr·maan

Les adjectifs

dernier (m.) last
____
dehr·nyeh

prochain (m.) next
____
proh·shahn

dernière (f.)
____
dehr·nyehr

prochaine (f.)
____
proh·shehn

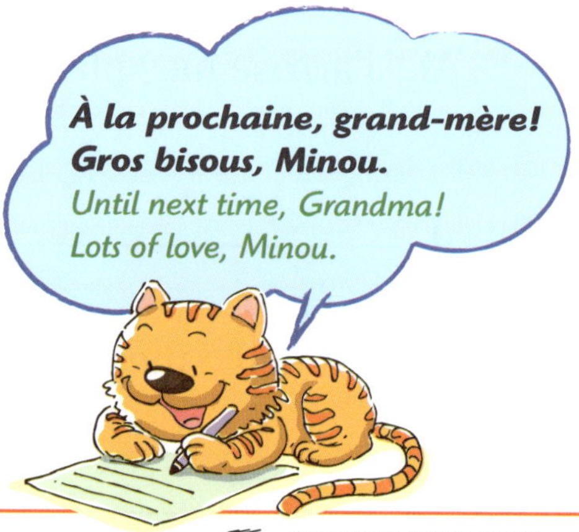

À la prochaine, grand-mère!
Gros bisous, Minou.
Until next time, Grandma!
Lots of love, Minou.

ISBN: 978-1-927042-19-9

Grade 7

Les adverbes de lieu

Où? Where?
_____
oo

Ici! Here!
_____
ee·see

là there
_____
lah

partout everywhere
_____
pahr·too

loin (de) far (from)
_____
lwahn

près (de) close (to)
_____
preh

Les adverbes de manière

Comment? How?
_____
koh·maan

bien well
_____
byahn

vite fast/quickly
_____
veet

ensemble together
_____
aan·saambl

mal badly
_____
mahl

lentement slowly
_____
laant·maan

seul alone/by oneself
_____
suhl

B. Encerclez le bon adverbe de temps qui correspond à la phrase.
Circle the correct adverb of time that matches the sentence.

1. Je brosse mes dents…
   rarement / souvent

2. J'étudie le français…
   maintenant / prochain

3. Je vais aller au cinéma…
   demain / hier

4. Je rends visite à ma grand-mère…
   dernier / aujourd'hui

5 Quand? Où? Comment? – When? Where? How?

C. Remplissez les tirets avec le bon adverbe de lieu.
Fill in the blanks with the correct locative adverbs.

1. _____ sont les bulles?
   Elles sont _____ !

2. _____ est ton vélo?
   Il n'est pas _____ , il est _____ .

3. _____ est le parc?
   Il n'est pas loin d'ici. Regarde! Il est très _____ !

4. _____ est Manon?
   Elle est _____ !
   Je suis _____ .

D. Répondez aux questions par des phrases complètes en utilisant les adverbes donnés.

Answer the questions in complete sentences using the given adverbs.

1. Comment est-ce que nous jouons à ce jeu? *(together)*

   Nous _____ à _____ jeu ensemble.

2. Comment est-ce que tu manges? *(alone)*

   _____

3. Comment est-ce que le lapin saute? *(quickly)*

   _____

4. Comment est-ce que vous dansez? *(together)*

   _____

5. Comment ça va? *(bad)*

   _____

6. Comment est-ce que tu marches? *(slowly)*

   _____

7. *Comment est-ce que le wagon descend? (fast)*

   _____

   _____

5 Quand? Où? Comment? – When? Where? How?

L'accord du temps verbal avec l'adverbe
Time Agreement of Verbs with Adverbs

In a sentence, the adverb and the verb must always agree in time.

Je mange toujours mon hamburger.
I'm still eating my hamburger.

Adverbe	Verbe
• aujourd'hui • toujours • souvent	au présent e.g. Nous mangeons souvent des légumes.
• demain • lundi, vendredi, etc. + prochain • bientôt	au futur proche **aller** + infinitif e.g. Ils vont aller au parc lundi prochain.

E. Conjuguez les verbes au futur proche ou au présent selon le temps de la phrase.

Conjugate the verbs in the near future or in the present tense according to the time of the sentence.

1. Aujourd'hui, je _____ à l'école.
   <u>aller</u>

2. Samedi prochain, je _____ à l'école.
   <u>ne pas aller</u>

3. Elle _____ parfois ses légumes.
   <u>manger</u>

4. Nous _____ toujours à midi.
   <u>dîner</u>

5. Il _____ toujours!
   <u>danser</u>

6. Nous sommes fatigués mais nous _____ toujours.
   <u>nager</u>

7. Mélodie a mal à la gorge. Elle _____ visite au médecin demain.
   <u>rendre</u>

8. Ils _____ dans la cour d'école.
   <u>ne jamais jouer</u>

Expressions

Unités de temps
- une minute = a minute
- une heure = an hour
- un jour = a day
- une semaine = a week
- un mois = a month
- un an/une année = a year
- un siècle = a century

En anglais : In English
"In _____" (duration of time)

En français : In French
« dans _____ » (durée de temps)

"Futur proche" is used to express events that will happen in the near future.

Always use the future tense when expressing an upcoming event with "dans".

Mélodie, j'ai besoin du téléphone!
Mélodie, I need the phone!

Je vais raccrocher dans une minute.
I am going to hang up in a minute.

F. Complétez les réponses avec l'expression temporelle « dans » et l'unité de temps indiquée.

Complete the answers with "dans" and the indicated unit of time.

1. Quand allez-vous finir vos devoirs? (une heure)

    Je _____.

2. Quand vas-tu arroser ton jardin? (un jour)

    Je _____.

3. Quand va-t-il partir? (une minute)

    Il _____.

4. Quand prenons-nous nos vacances? (une semaine)

    Nous _____.

Unité 6: Le magasinage

Shopping

Vocabulaire : Les magasins et leurs produits
Grammaire : Les terminaisons
Expressions : « Combien coûte...? »

Combien coûte ce gros pain au chocolat?
How much does this big chocolate croissant cost?

A. Copiez les mots.
Copy the words.

l'épicerie
the grocery store
_____
leh·peess·ree

la caisse
the cash register
_____
lah kehs

le caissier / la caissière
the cashier
_____
luh keh·syeh
lah keh·syehr

la conserve
the canned food
_____
lah kohn·sehrv

les pâtes
the pasta
_____
leh paht

la boulangerie the bakery
_____
lah boo·laan·jree

la baguette
the baguette
_____
lah bah·get

le croissant
the croissant
_____
luh krwah·saan

le muffin
the muffin
_____
luh muh·feen

le pain
the bread
_____
luh pahn

le pain au chocolat
the chocolate croissant
_____
luh pahn oh shoh·koh·lah

le biscuit
the cookie
_____
luh beess·kwee

la tarte au citron
the lemon tart
_____
lah tahrt oh see·trohn

le dépanneur
the convenience store

_____
luh deh·pah·nuhr

le lait
the milk

_____
luh leh

la boîte de céréales
the box of cereal

_____
lah bwaht duh seh·reh·ahl

le jus
the juice

_____
luh jew

la boucherie
the butcher's shop

_____
lah boosh·ree

le poulet
the chicken

_____
luh poo·leh

le bœuf
the beef

_____
luh buhf

le porc
the pork

_____
luh pohr

la boutique
the clothing store

_____
lah boo·teek

la chemise
the shirt

_____
lah shuh·meez

le pantalon
the pants

_____
luh paan·tah·lohn

le chandail
the sweater

_____
luh shaan·dahy

B. Écrivez le nom de l'objet et le magasin où il se trouve.
Write the name of the object and the store where it is found.

1.  _____

2.  _____

3.  _____

4.  _____

6 Le magasinage – Shopping

Les pronoms possessifs
Possessive Pronouns

possessor \ possessed	singulier masculin	singulier féminin	pluriel masculin	pluriel féminin
je	mon livre → le mien (my book / mine)	la mienne (mine)	les miens (mine)	les miennes (mine)
tu	ton livre → le tien (your book / yours)	la tienne (yours)	les tiens (yours)	les tiennes (yours)
il/elle	son livre → le sien (his/her book / his/hers)	la sienne (his/hers)	les siens (his/hers)	les siennes (his/hers)
nous	notre livre → le nôtre (our book / ours)	la nôtre (ours)	les nôtres (ours)	les nôtres (ours)
vous	votre livre → le vôtre (your book / yours)	la vôtre (yours)	les vôtres (yours)	les vôtres (yours)
ils/elles	leur livre → le leur (their book / theirs)	la leur (theirs)	les leurs (theirs)	les leurs (theirs)

* The gender and number of the possessive pronoun agree with the possessed object, not the possessor.

e.g. Paul parle à sa sœur (f.) et Pierre parle à la sienne (f.).

Paul is speaking to his sister and Pierre is speaking to his.

C. Remplacez l'adjectif possessif avec le bon pronom possessif.
Replace the possessive adjective with the correct possessive pronoun.

1. C'est ton chien.   C'est le _____ .

2. C'est ma tarte au citron.   _____

3. Nous aimons notre mère.   _____

4. Marie danse avec ses amis (m.pl.). _____

5. Vous allez à votre maison (f.). _____

6. Tu embrasses ton chat.   _____

D. Traduisez le pronom possessif en français.
Translate the possessive pronoun into French.

1. Ce pantalon-ci est (mine) _____ .

2. Cette tarte-là est (yours (pl.)) _____ .

3. Ces chaussures (f.pl.) sont (theirs) _____ .

4. Cette caisse est (ours) _____ .

5. Ces croissants sont (hers) _____ .

6. Ce pain au chocolat est (yours (sg.)) _____ .

E. Écrivez le bon pronom possessif.
Write the correct possessive pronoun.

1. Je mange mon chausson.

   Mangez-vous le _____ ?
   _{yours}

2. Nous allons remplir notre panier (m.).

   Vas-tu remplir _____ ?
   _{yours}

3. Votre baguette est là.

   Où est _____ ?
   _{mine}

4. Cherches-tu ta tarte?

   Peux-tu chercher _____ aussi?
   _{ours}

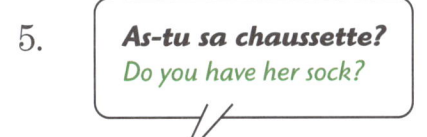

5. *As-tu sa chaussette?*
   Do you have her sock?

   Rends-moi ma chaussette!

   C'est _____ .
   Give me back my sock! It's mine!

6 Le magasinage – Shopping

Expressions

Combien...?
How much...?

Coût**er** : to cost

En anglais :
In English

"How much does _____ cost?"
               sg.

"How much do _____ cost?"
              pl.

En français :
In French

« Combien coûte _____ ? »
                 sg.

« Combien coûtent _____ ? »
                   pl.

Combien coûtent ces œufs?
How much do these eggs cost?

Ils coûtent 5 dollars.
They cost $5.

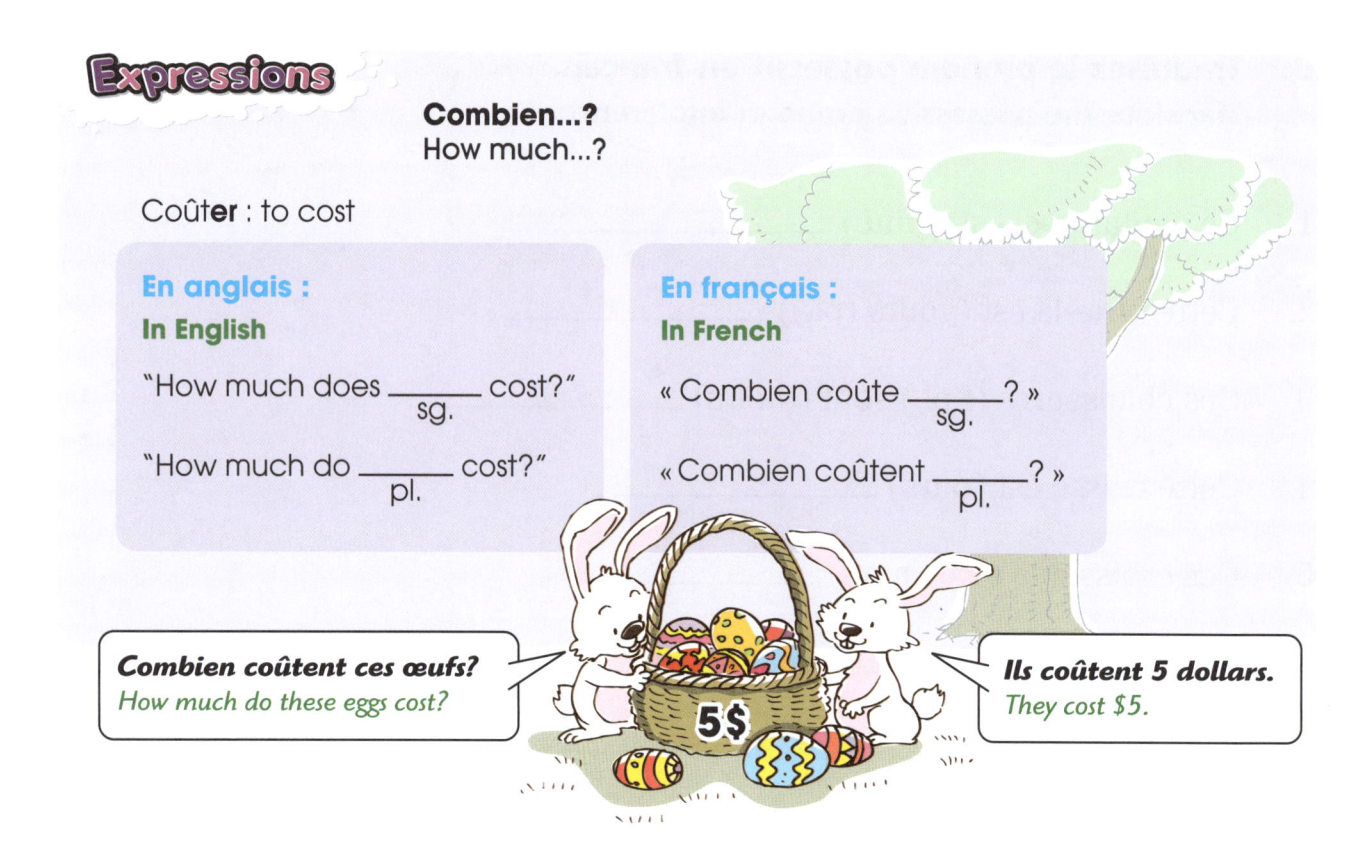

F. Demandez le prix et répondez à la question vous-même.
Ask the price and answer the question yourself.

$ = dollar(s)
e.g. 2 $ = 2 dollars

¢ = cent(s)
e.g. 15¢ = 15 cents

1. (2 $)
   Q : _____
   A : _____

2. (6 $)
   Q : _____
   A : _____

3. (La conserve, 70¢)
   Q : _____
   A : _____

4. (45¢)
   Q : _____
   A : _____

G. Remplissez les tirets pour demander et connaître le prix.
Fill in the blanks to ask and to learn the prices.

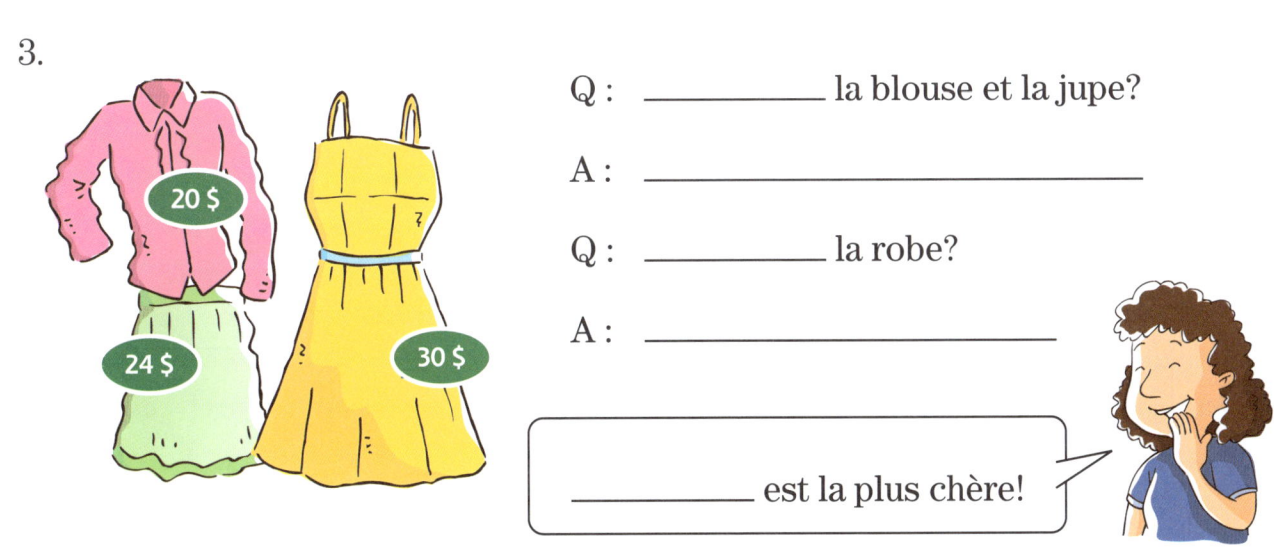

1.
 🍭 = 2 $
 🍭🍭🍭 = 5 $

_____ une sucette?
a lollipop

Une sucette _____.

_____ trois sucettes?

Trois sucettes _____.

2.
 9 $
 12 $

 😊 : _____ l'avion rouge?

 🙂 : Il _____.

 😊 : _____ l'avion bleu?

 🙂 : Il _____.

3.
 20 $
 24 $
 30 $

 Q : _____ la blouse et la jupe?

 A : _____

 Q : _____ la robe?

 A : _____

 _____ est la plus chère!

Unité 7 : Les verbes du 3ᵉ groupe

Verbs from the 3rd Group

Vocabulaire : Les verbes du 3ᵉ groupe

Grammaire : La conjugaison des verbes du 3ᵉ groupe

Charlie, je veux partir!
Charlie, I want to leave!

A. Copiez les infinitifs suivants.
Copy the following infinitives.

« -OIR »

vouloir
to want

_____
voo·lwahr

pouvoir
to be able to/can

_____
poo·vwahr

devoir
to have to/must

_____
duh·vwahr

savoir
to know

_____
sah·vwahr

« -IR »

partir
to leave/depart

_____
pahr·teer

dormir
to sleep

_____
dohr·meer

sortir
to go out/to exit

_____
sohr·teer

« -RE »

lire
to read

_____
leer

conduire
to drive

_____
kohn·dweer

écrire
to write

_____
eh·kreer

dire
to say

_____
deer

J'aime sortir à vélo.
I like to get out on bike.

Parc

B. Remplissez les tirets pour trouver l'infinitif correspondant à l'image.
Fill in the blanks to find the infinitive corresponding to the picture.

A Anne aime _ _ _ _ _ _ avec son ours.

B Andrée peut _ _ _ _ le français.

C Les enfants aiment _ _ _ _ les réponses.

D Daniel et Caroline vont _ _ _ _ _ _ _ dans leurs journaux.

E Ils aiment _ _ _ _ _ _ _ en vacances.

F Le chien ne veut pas _ _ _ _ _ _ de la maison. Il veut regarder un film.

7 Les verbes du 3ᵉ groupe – Verbs from the 3rd Group

Grammaire

« -OIR » : pouvoir, savoir, devoir et vouloir

"Pouvoir" and "vouloir" are conjugated in the same way. However, "savoir" and "devoir" are completely irregular.

	pouvoir to be able (to)	vouloir to want (to)	savoir to know	devoir to have (to)
je	peux	veux	sais	dois
tu	peux	veux	sais	dois
il/elle	peut	veut	sait	doit
nous	pouvons	voulons	savons	devons
vous	pouvez	voulez	savez	devez
ils/elles	peuvent	veulent	savent	doivent

All four of these verbs can be followed by an infinitive.

e.g.
- Je peux **marcher**.
  I can walk.
- Je veux **manger**.
  I want to eat.
- Je sais **nager**.
  I know how to swim.
- Je dois **manger**.
  I have to eat.

C. Encerclez ou écrivez la bonne forme du verbe.
Circle or write the correct form of the verb.

1. Marie   veux voulons veut   manger le petit déjeuner.

2. Marc et moi   sais savez savons   chercher de les réponses.

3. Il ne   dois doit devez   pas aller à l'école aujourd'hui.

4. Il _____ (must) savoir la leçon.

5. _____ (can) -vous voir l'écran?

6. Je _____ (must) accepter tes suggestions.

7. Marc et toi _____ (must) avoir de la chance!
   have good luck

« -IR » irregular : dormir, partir et sortir

These irregular « -IR » verbs from the 3rd group are all conjugated in the same way.

	dormir to sleep	partir to leave	sortir to get out
je	dor~~ir~~ / dors	par~~ir~~ / pars	sor~~ir~~ / sors
tu	dors	pars	sors
il/elle	dort	part	sort
nous	dorm~~ir~~ / dormons	part~~ir~~ / partons	sort~~ir~~ / sortons
vous	dormez	partez	sortez
ils/elles	dorment	partent	sortent

Nous dormons au soleil pour nous faire bronzer.
We're sleeping in the sun to get a tan.

D. Écrivez la bonne forme du verbe.
Write the correct form of the verb.

Rémi et son frère Olivier _____ (dormir) ensemble dans leur chambre à coucher. Les draps₁ jaunes _____ (être) sur le lit de Rémi et les draps verts _____ (être) son sur le lit d'Olivier. Les matins, leur mère crie :

« _____ (sortir) du lit! Vous _____ (dormir) trop! » Elle ouvre les rideaux et les garçons ne _____ (pouvoir) plus _____ (dormir). « Allez! » dit Olivier,

« _____ (sortir) du lit Rémi! » « _____ (devoir)-nous _____ (partir) si tôt? » demande Rémi. Et cela se répète chaque jour...

---

1. *le drap : bed sheet*

7. Les verbes du 3ᵉ groupe – Verbs from the 3rd Group

Grammaire

« -RE » irregular : dire, lire, écrire et conduire

	dire to say	lire to read	écrire to write	conduire to drive
je	dis	lis	écris	conduis
tu	dis	lis	écris	conduis
il/elle	dit	lit	écrit	conduit
nous	disons	lisons	écri**vons**	conduisons
vous	**dites**	lisez	écri**vez**	conduisez
ils/elles	disent	lisent	écri**vent**	conduisent

Je conduis ma voiture.
I'm driving my car.

E. Écrivez la bonne forme du verbe.
Write the correct form of the verb.

1. lire
   il _____
   nous _____

2. dire
   tu _____
   elle _____

3. conduire
   elle _____
   vous _____

4. écrire
   tu _____
   j' _____

5. lire
   vous _____
   tu _____

6. dire
   ils _____
   nous _____

7. Nous _____ (écrire) des cartes de Noël chaque année.

8. Faites attention quand vous _____ (conduire).

9. Je _____ (lire) et j' _____ (écrire) en français.

10. Qu'est-ce que vous _____ (dire)?

F. Écrivez l'infinitif des verbes soulignés, ainsi que la personne et le nombre auquels les verbes sont conjugués.

Write the infinitive form of the underlined verbs as well as the person and number to which they are conjugated.

C'est le weekend! Moi et mes sœurs <u>voulons</u> jouer au parc, mais nous <u>devons</u> d'abord nettoyer nos chambres. « <u>Dors</u>-tu encore, Claire? » je demande.

nombre \ personne	singulier	pluriel
1re	Je	Nous
2e	Tu	Vous
3e	Il/Elle	Ils/Elles

« Je <u>sais</u> qu'elle ne <u>dort</u> plus! » crie ma sœur, Mélodie. « Regarde! Ses yeux sont ouverts! »

Claire disparaît sous les draps, « Laissez-moi tranquille! Je <u>veux</u> dormir » dit-elle. « Si tu <u>pars</u> pour le parc avec nous, tu <u>dois</u> sortir du lit maintenant! » je dis. « C'est Maman qui nous <u>conduit</u> aujourd'hui. » « Je m'en fiche! <u>Partez</u> sans moi! » répond Claire et elle retourne au lit.

1. _vouloir_, 1re, _pluriel_
2. _____, ___, _____
3. _____, ___, _____
4. _____, ___, _____
5. _____, ___, _____
6. _____, ___, _____
7. _____, ___, _____
8. _____, ___, _____
9. _____, ___, _____
10. _____, ___, _____

Unité 8

Les nombres : de 1 à 1000

Numbers: 1 to 1000

Vocabulaire : Les nombres de 1 à 1000
Révision : Les expressions de quantité

Cette bague coûte neuf cent dollars.
That ring costs $900.

Je n'ai pas assez d'argent.
I don't have enough money.

A. Copiez les mots.
Copy the words.

cent	100	cent dix	110
saan		*saan deess*	
deux cents	200	deux cent vingt	220
duh saan		*duh saan vahn*	
trois cents	300	trois cent trente	330
trwah saan		*trwah saan traant*	
quatre cents	400	quatre cent quarante	440
kahtr saan		*kahtr saan kah·raant*	
cinq cents	500	cinq cent cinquante	550
sahnk saan		*sank saan sahn·kaant*	
six cents	600	six cent soixante	660
seess saan		*seess saan swah·saant*	
sept cents	700	sept cent soixante-dix	770
seht saan		*seht saan swah·saant deess*	

huit cents	**800**	huit cent quatre-vingts	**880**
weet saan		*weet saan kah·truh·vahn*	
neuf cents	**900**	neuf cent quatre-vingt-dix	**990**
nuhf saan		*nuhf saan kah·truh·vahn·deess*	
mille	**1000**	**1001** $	
meel		_____ dollars *meel eh euhn*	

B. Écrivez les nombres en lettres ou en chiffres.
Write the numbers in words or in digits.

1. 347 _____ cent quarante-_____

2. 892 huit _____ quatre-vingt-_____

3. 116 cent _____

4. 664 _____ cent _____-_____

5. 501 _____ _____ un

6. 755 sept cent _____-_____

7. deux cent soixante-treize

8. quatre cent trente-quatre

9. sept cent dix-huit

10. cinq cent cinquante-cinq

11. trois cent douze

8. Les nombres : de 1 à 1000 – Numbers: 1 to 1000

C. Écrivez le prix de chaque object en lettres.
Write the price of each item in words.

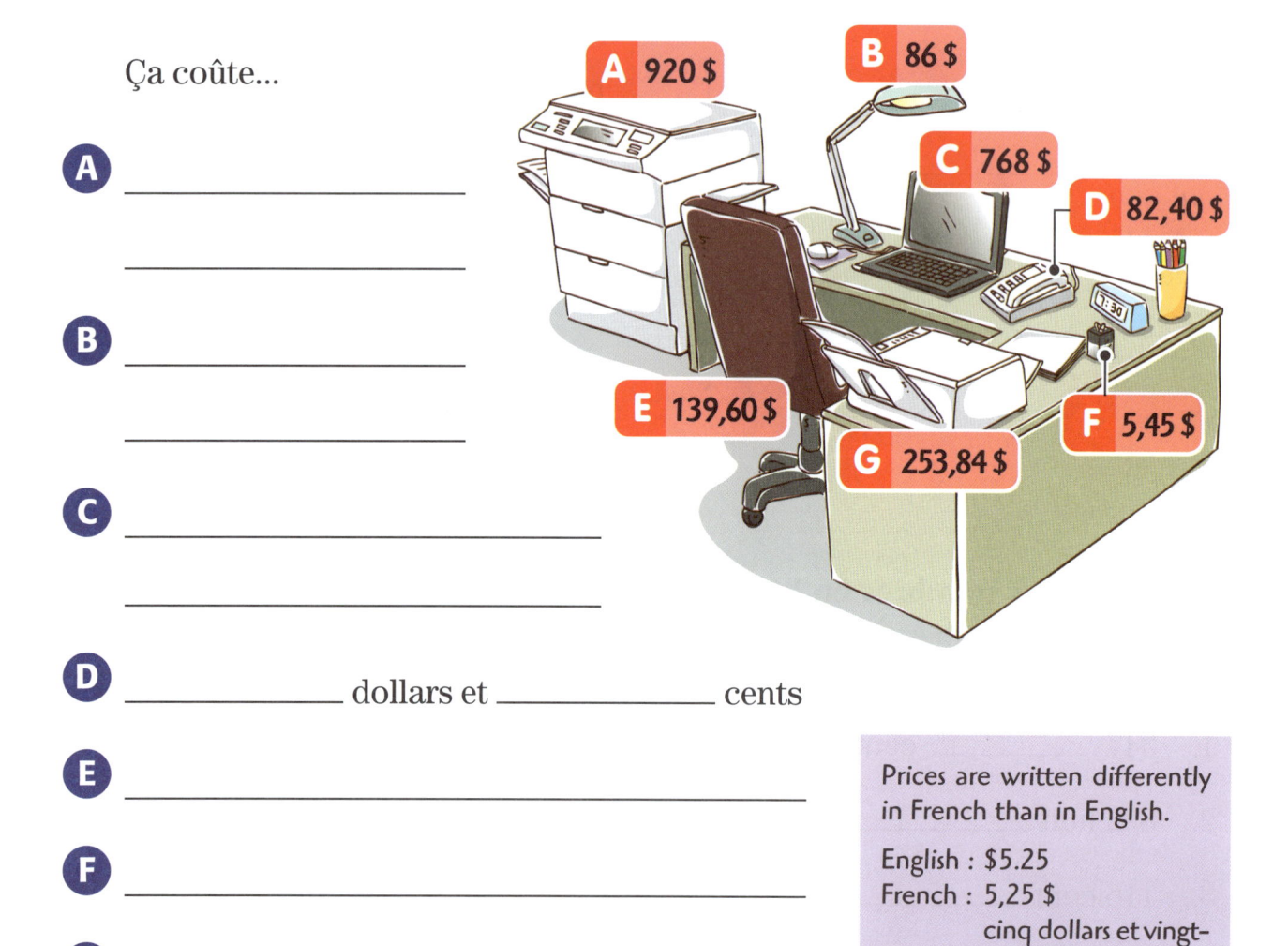

Ça coûte...

A 920 $
B 86 $
C 768 $
D 82,40 $
E 139,60 $
F 5,45 $
G 253,84 $

A _____

B _____

C _____

D _____ dollars et _____ cents

E _____

F _____

G _____

Prices are written differently in French than in English.

English : $5.25
French : 5,25 $
    cinq dollars et vingt-cinq cents

D. Faites les calculs et écrivez les réponses en lettres.
Do the calculations and write the answers in words.

1. Sept plus sept cent soixante-dix égalent _____ .

2. Mille moins trois cent quarante égalent _____ .

3. Quatre cents plus quatre-vingt-dix-sept égalent _____ .

4. Deux cents plus sept cents quatorze égalent _____ .

Grade 7

Expressions

En anglais :
In English
- x times y makes xy
- x over y makes $\frac{x}{y}$

En français :
In French
- x fois y, ça fait xy
- x sur y, ça fait $\frac{x}{y}$

$12 \times 6 = 72$

12 fois 6, ça fait 72. 72 personnes peuvent s'attabler autour de 12 tables.
12 times 6 makes 72. 72 people can be seated around 12 tables.

E. Trouvez la réponse. Ensuite écrivez l'équation en lettres.
Find the answer. Then write the equation in words.

A $1000 \div 4 =$ _____

B $2 \times 347 =$ _____

C $260 \times 3 =$ _____

D $\frac{550}{5} =$ _____

E $\frac{612}{6} =$ _____

F $10 \times 82 =$ _____

L'équation en lettres

A _____

B _____

C _____

D _____

E _____

F _____

8 Les nombres : de 1 à 1000 – Numbers: 1 to 1000

Grammaire

Les adverbes de quantité
Quantity Adverbs

Adverbs never change; they are invariable.

Quantity adverbs indicate how much there is of something. They are always followed by "de" + a noun (without its article).

Quantity Adverbs

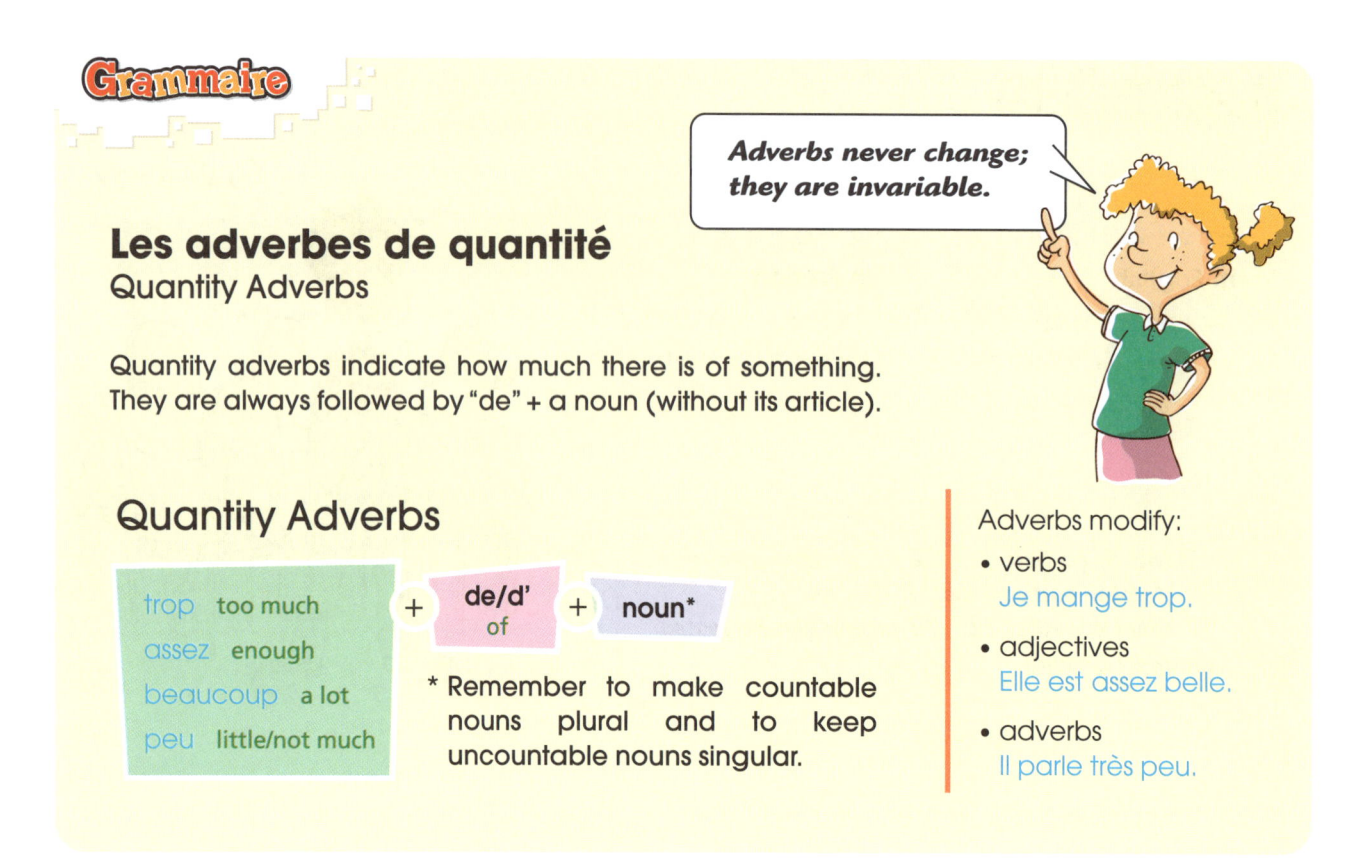

trop — too much
assez — enough
beaucoup — a lot
peu — little/not much

+ **de/d'** (of) + **noun***

* Remember to make countable nouns plural and to keep uncountable nouns singular.

Adverbs modify:
- verbs
  Je mange trop.
- adjectives
  Elle est assez belle.
- adverbs
  Il parle très peu.

F. Récrivez les phrases avec les adverbes de quantité donnés.
Rewrite the sentences with the quantity adverbs given.

1. Jean et Marie ont des enfants. (assez de)

   _____

2. En hiver, il y a de la neige. (trop de)

   _____

3. Les fleurs poussent dans son jardin. (beaucoup de)

   _____

4. Il a de l'argent pour acheter la bague. (peu de)

   _____

5. Elle boit de la boisson gazeuse. (beaucoup de)

   _____

G. Faites les problèmes et écrivez les réponses en lettres.
Solve the problems and write the answers in words.

1. Mon père a 41 ans, ma mère a 4 ans moins que mon père. Quel âge a ma mère?

   _____

2. Béatrice possède₁ cent quinze livres. Annie et son frère en ont deux fois plus, Bernard en a cinq fois moins.

   a. Combien de livres ont Annie et son frère?

   _____

   b. Combien de livres a Bernard?

   _____

3. Samuel veut faire un gâteau. La recette lui dit de mettre trois cents grammes de farine₂ pour six personnes. Samuel veut un gâteau pour seulement₃ deux personnes. Combien de grammes de farine doit-il y mettre?

   _____

4. Un mètre est cent centimètres, donc un centimètre est _____ sur _____ d'un mètre.

5. Un mètre est mille millimètres, donc un millimètre est _____ sur _____ d'un mètre.

---

1. posséder : *to possess, to own*   2. grammes de farine : *grams of flour*
3. seulement : *only*

Unité 9 : Au musée
At the Museum

Vocabulaire : Les objets au musée

Grammaire : Les doubles constructions

Je ne veux pas passer la journée ici!
I don't want to spend the day here!

A. Copiez les mots.
Copy the words.

le musée — the museum
luh mew·zeh

Musée KCW

le tarif — the fee/the rate
luh tah·reef

les heures d'ouverture — the opening hours
leh zuhr doo·vehr·tewr

le billet — the ticket
luh bee·yeh

l'exposition (f.) — the exhibition
leks·poh·zee·syohn

le plan — the map
luh plaan

l'atelier (m.) — the workshop
lah·tuh·lyeh

l'antiquité (f.) — antique
laan·tee·kee·teh

la collection — the collection
lah koh·lehk·syohn

la salle — the room
lah sahl

l'art (m.) — art
lahr

la billetterie — the ticket booth
lah bee·yeh·tree

Grade 7

Les œuvres du musée sont...
The works at the museum are...

historique historic

_____
eess·toh·reek

precious/valuable
précieux   précieuse

_____   _____
preh·syuh   *preh·syuhz*

old
vieux   vieille

_____   _____
vyuh   *vyehy*

ancient
ancien   ancienne

_____   _____
aan·syahn   *aan·syehn*

fascinating
fascinant   fascinante

_____   _____
fah·see·naan   *fah·see·naant*

delicate
délicat   délicate

_____   _____
deh·lee·kah   *deh·lee·kaht*

Au musée on peut...
At the museum we can...

observer to observe

_____
ohb·zehr·veh

toucher to touch

_____
too·sheh

remarquer to notice

_____
ruh·mahr·keh

passer* to spend time/to pass

_____
pah·seh

exposer to exhibit/to display

_____
ehks·poh·zeh

guider to guide

_____
gee·deh

visiter to visit

_____
vee·zee·teh

✱

Find the verb "passer" in your own French-English dictionary and compare it to the one below.

la prononciation — verbe intransitif (doesn't take an object)   verbe transitif (takes an object)

l'entrée du dictionnaire → **passer** (pase) **vi** **1** : to pass, to go, to come past. e.g. Le train va bientôt passer. *The train will be coming past soon.*

vt 2 : to cross, to go through e.g. Je passe la rivière à la nage. *I swim across the river.*

3 : to spend (time) e.g. passer sa vie : *to spend one's life* e.g. passer une heure/une minute/du temps : *to spend an hour/a minute/some time*

passer sur (repeat the entry) → ~ sur – to pass over, to overlook e.g. Je veux bien passer sur cette erreur. *I'm willing to overlook this mistake.*

ISBN: 978-1-927042-19-9   Canadian Curriculum FrenchSmart • Grade 7

9 Au musée – At the Museum

B. Remplissez les tirets avec les bons mots.
Fill in the blanks with the correct words.

Christophe vient de 1._____ une salle 2._____ . La salle 3._____ une collection 4._____ . Il 5._____ les antiquités mais il y a une affiche qui dit : « Ne touchez pas! » Il regarde bien 6._____ . Il aime bien visiter 7._____ près de 8._____ des pierres* 9._____ .

1. to notice
2. fascinating
3. to display
4. historic
5. to want to touch
6. the map
7. the workshop
8. the exhibition
9. valuable

* Look up the word "pierre" in your French-English dictionary to find its gender before writing the corresponding adjective.
(nm = nom masculin, nf = nom féminin)

C. Trouvez le mot « toucher » dans votre dictionnaire. Ensuite répondez aux questions.
Find the word "toucher" in your dictionary. Then answer the questions.

1. How many entries are there for the word "toucher"? _____

2. What are the grammatical roles of the first entry and the second entry?
(grammatical role: verb, noun, adjective, adverb, etc.) Write the meanings of "toucher".

toucher₁ : _____   toucher₂ : _____

meaning : _____   meaning : _____

_____   _____

Les doubles constructions
Double Verb Construction

This construction has a conjugated auxiliary verb followed by an infinitive.

Auxiliary Verbs

pouvoir — Je peux arroser les plantes.
I can water the plants.

vouloir — Nous voulons manger de la pizza.
We want to eat some pizza.

savoir — Il sait parler français.
He knows how to speak French.

devoir — Vous devez lire l'unité 7 pour les conjugaisons.
You must read unit 7 for the conjugations.

D. Remplissez les tirets avec la bonne forme des verbes.
Fill in the blanks with the correct form of the verbs.

1. Le public _____ cette œuvre.
   pouvoir toucher

2. Moi et mon chien _____ dehors.
   devoir attendre

3. Je _____ les visiteurs vers les nouvelles collections.
   pouvoir guider

4. Ils _____ le musée demain.
   vouloir visiter

5. Tu _____ une heure dans chaque salle.
   devoir passer

6. Vous _____ des œuvres canadiennes.
   pouvoir regarder

7. Je _____ les heures d'ouverture.
   vouloir savoir

8. Ils _____ les œuvres anciennes.
   savoir garder

9 Au musée – At the Museum

Expressions

"Devoir" and "pouvoir" are auxiliary verbs that can be used to give commands, suggestions, or advice in a more polite manner, in comparison to those given with the imperative.

Imperative (giving an order) : e.g. Mangez vos légumes!   Eat your vegetables!

devoir + infinitive :

(giving a polite suggestion)

Vous devez manger vos légumes.
You have to eat your vegetables.

pouvoir + infinitive :

(asking a question politely)

e.g. Pouvez-vous manger vos légumes?
Can/Could you eat your vegetables?

(making a polite suggestion)
e.g. Vous pouvez dormir plus tôt.
You could sleep earlier.

E. Demandez un service poliment en utilisant « pouvoir ».
Ask a favour politely using "pouvoir".

1. Vous devez aller à la classe de musique.

   _____-vous _____ à la classe de musique?

2. Il doit faire ses devoirs.

   _____

3. Tu dois marcher plus vite.

   _____

4. Nous devons téléphoner à Marie.

   _____

5. Vous devez attendre mon frère.

   _____

F. Remplissez les tirets. Ensuite relisez la brochure et répondez aux questions.
Fill in the blanks. Then reread the brochure and answer the questions.

_____ principale :
(the room)

_____ des œuvres d'Emily Carr
(the exhibition)

_____ : 9 h à 18 h
(the opening hours)

Musée des beaux arts
Museum of Fine Arts

Le musée des beaux arts _____ les _____ d'Emily Carr
(is going to exhibit)   (art works)

en août. Vous _____ ses peintures de près₁ et vous _____
(could/may observe)   (could/may visit)

sa maison en regardant₂ la projection du film "Emily Carr : la vie d'une artiste".

Vous _____ acheter vos _____ en avance₃. Il y a des guides
(must)   (tickets)

qui _____ les visiteurs. _____-nous en groupes₄!
(could/can guide)   (visiter (impératif))

1. de près : up close   2. en regardant : by watching
3. en avance : in advance   4. en groupes : in groups

1. Où est-ce qu'on peut voir les œuvres d'Emily Carr? C'est quel mois?

   _____

2. Qu'est-ce qu'on peut observer de près?

   _____

3. Est-ce qu'on peut visiter sa maison de près?

   _____

4. Quand est-ce qu'on doit acheter les billets?

   _____

Canadian Curriculum FrenchSmart · Grade 7   57

Unité 10 : Le transport

Transportation

Vocabulaire : Les moyens de transport

Grammaire : Les prépositions « à » et « de »

Je vais à l'école à vélo, parce que je suis en retard.
I'm going to school by bike because I'm late.

A. Copiez les mots.
Copy the words.

aller à... to go by

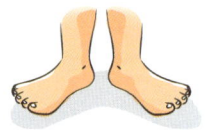

pied
pyeh

cheval
shuh·vahl

vélo
veh·loh

aller en... to go by

train
trahn

avion
ah·vee·yohn

autobus
oh·toh·bews

bateau
bah·toh

métro
meh·troh

les rails — the tracks/rails
leh rahy

le pilote — the pilot
luh pee·loht

l'arrêt — the stop
lah·reh

la voile — the sail
lah vwahl

le billet — the ticket
luh bee·yeh

B. **Associez les phrases incomplètes aux bons mots.**
   Match the incomplete sentences to the correct words.

   1. Le train va sur... • • un avion.
   2. J'attends l'autobus à... • • une voile.
   3. Le bateau de Louise a... • • l'arrêt d'autobus.
   4. Le pilote conduit... • • les rails.

C. **Décrivez comment les personnages arrivent à leurs destinations avec le verbe « aller ». Utilisez la bonne préposition.**
   Describe how the characters will arrive at their destinations using the correct form of the verb "aller". Use the correct preposition.

   A. Je
   B. Tu
   C. Nous
   D. Ils
   E. Elle

   A. Je _____ en _____ .
   B. _____
   C. _____
   D. _____
   E. _____

10 Le transport – Transportation

Grammaire

« À » et « de »
"To" and "From"

Verbs of movement indicate displacement "from" one place "to" another.

e.g.

Paris
Toronto

Verbs of Movement :

aller (de/à)   to go (from/to)
arriver (de/à)   to arrive (from/to)
descendre (de/à)   to go/come down (from/to)
monter (de/à)   to come/go up (from/to)
sortir (de/à)   to go out/exit (from/to)
venir (de/à)   to come (from/to)

Je vais **de** Toronto **à** Paris en avion.
I fly from Toronto to Paris.

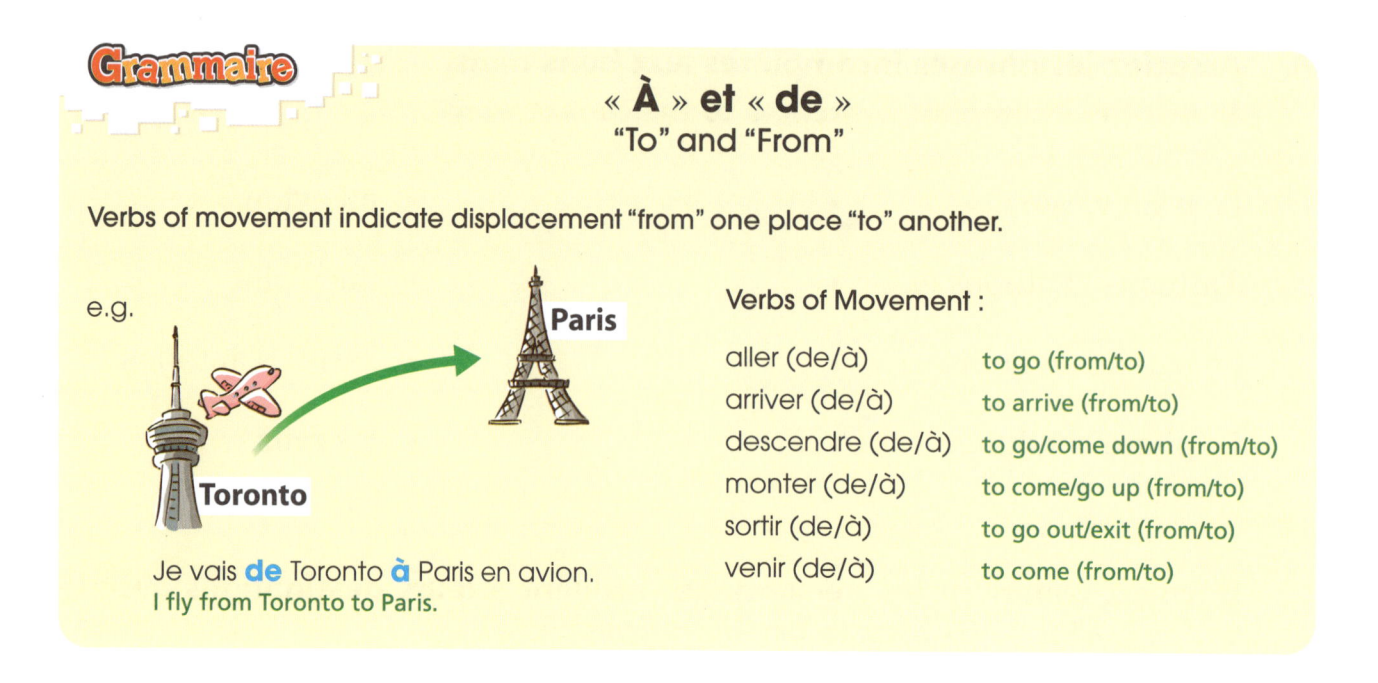

D. Décrivez les mouvements dans les images.

Describe the movements in the picture.

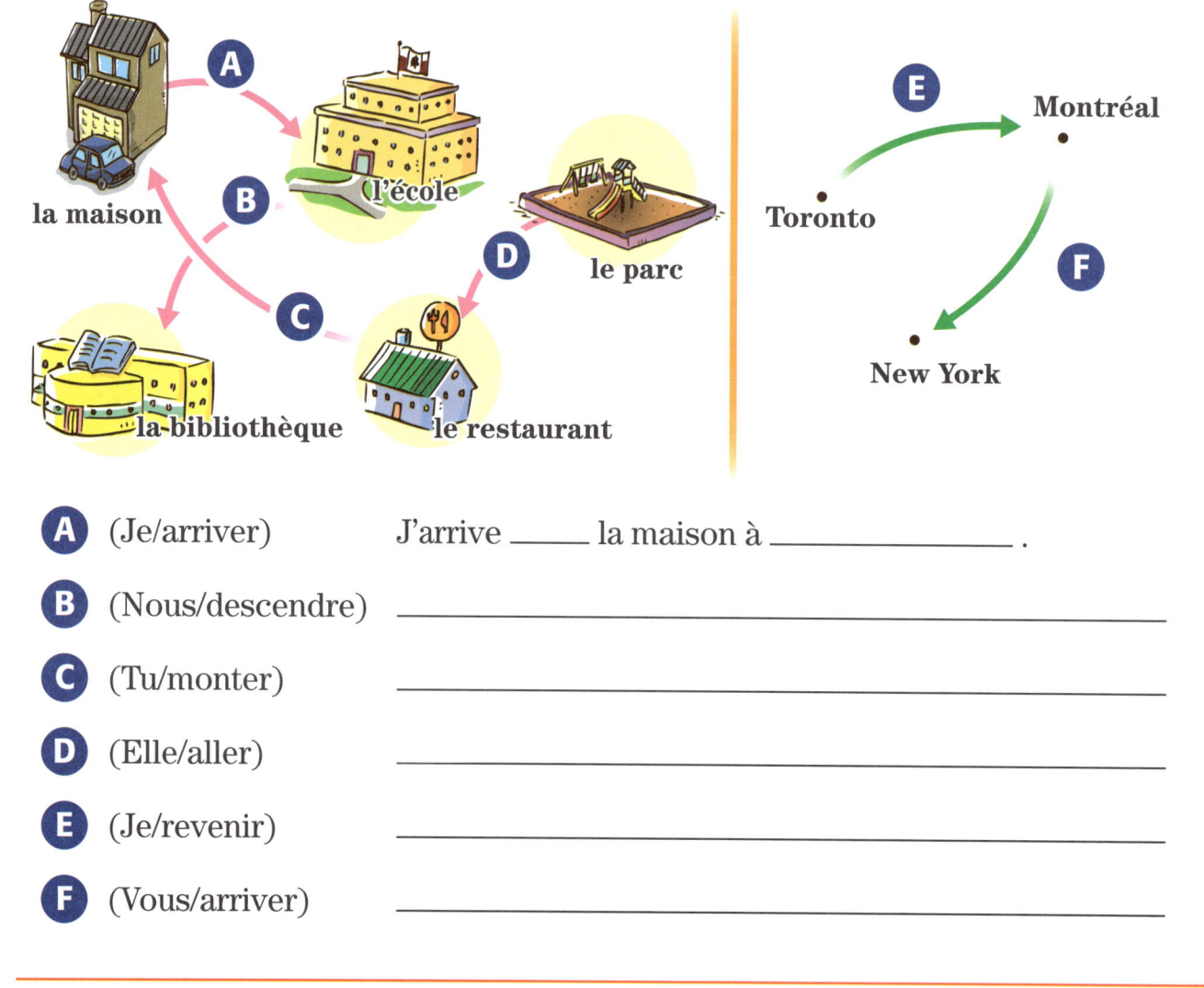

la maison — A → l'école — D → le parc
la maison ← B
la maison ↔ C ↔ la bibliothèque — le restaurant

Toronto — E → Montréal
Toronto — F → New York

A (Je/arriver)   J'arrive _____ la maison à _____ .

B (Nous/descendre)   _____

C (Tu/monter)   _____

D (Elle/aller)   _____

E (Je/revenir)   _____

F (Vous/arriver)   _____

E. Utilisez la bonne forme du verbe « venir de » pour indiquer le pays d'où ils viennent.
Use the correct form of the verb "venir de" to indicate where each person is from.

« venir » *to come*

singulier	pluriel
je viens	nous venons
tu viens	vous venez
il/elle vient	ils/elles viennent

1.  les États-Unis — Tu _____ des États-Unis.

2.  le Canada — Je _____

3.  le Maroc
   a. Marie et Julie _____
   b. Karim _____

4.  la France
   a. Nous _____
   b. Elle _____

5.  l'Angleterre
   a. Vous _____
   b. Ils _____

F. Remplissez les tirets avec la bonne préposition « de/à ».
Fill in the blanks with the correct preposition "de/à".

1. J'arrive _____ la maison _____ l'école à 8 h 30.

2. Je reviens _____ la maison _____ l'école à 15 h 30.

3. Tu descends _____ la bibliothèque chaque jour.

4. Nous allons _____ la cour d'école pour jouer.

10 Le Transport - Transportation

Grammaire

Verbes suivis de « à/de »
Verbs followed by "à/de"

"À" and "de" can also come after a number of verbs that do not indicate movement but which have a "destination" or "point of reference".

à to
- parler à — to talk to
- donner à — to give to
- répondre à — to answer to
- dire à — to tell/say to

e.g. Je dis mes secrets à mon ami.
I tell my secrets to my friend.

de from/about
- parler de — to talk about
- rêver de — to dream about
- profiter de — to make the most of
- avoir besoin de — to be in need of

e.g. Nous rêvons des cadeaux.
We dream about gifts.

G. Remplissez les tirets avec la bonne préposition.
Fill in the blanks with the correct prepositions.

1. Je rêve parfois _____ mes cousins.

2. Vous penser _____ vos enfants.

3. Ils profitent toujours _____ l'occasion.

4. Lucie a besoin _____ une dentiste.

5. Nous donnons des cadeaux _____ nos amis à Noël.

6. Répondez _____ la question.

7. Elle parle _____ son chat _____ ses amis.

8. Je dis _____ ma mère de me faire un gâteau.

Grade 7

H. Remplissez les tirets avec la bonne préposition et répondez aux questions.
Fill in the blanks with the correct prepositions and answer the questions.

Alice et ses parents viennent d'arriver ____ Paris ____ avion. Ils rentrent ____ l'aéroport ____ leur hôtel ____ 4 h. Ils vont tout de suite₁ ____ lit pour pouvoir se réveiller₂ à l'heure du déjeuner. Alice s'endort₃ vite et elle rêve ____ croissants, ____ pains au chocolat et ____ tartes aux abricots. Le matin, elle se réveille à 7 h, va ____ la salle de bain prendre une douche, sort ____ sa chambre, et descend ____ restaurant avec sa mère. Quand elle arrive ____ restaurant, elle ne voit personne. La porte est encore fermée. Elle demande ____ sa mère : « N'allons-nous pas manger de croissants ce matin? » « Nous sommes arrivées de bonne heure₄! Les croissants ne sont pas encore prêts₅ » répond sa mère. Elles montent ____ café boire un bon chocolat chaud en attendant₆ leurs croissants.

1. Où est-ce qu'Alice va avec sa famille? _____

2. Elle rêve de quoi? _____

3. Que boivent-elles en attendant leurs croissants? _____

---

1. *tout de suite* : *immediately*   2. *se réveiller* : *to wake up*   3. *s'endormir* : *to fall asleep*
4. *de bonne heure* : *early*   5. *prêt(e)* : *ready*   6. *en attendant* : *while waiting*

La révision

A. Encerclez la bonne réponse.
Circle the correct answer.

1. planter / arroser / tondre

2. le homard / le crabe / le requin / le calmar / la baleine / la pieuvre

3. 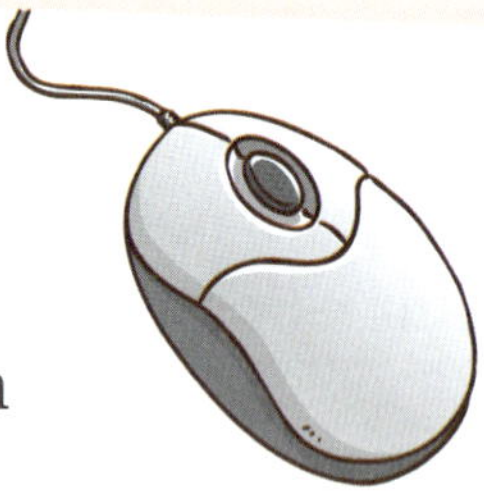 l'écran / la souris / le clavier

4. mille / dix / cent

5.  le plan / le tarif / le billet

6. une belle fille / une beau fille / un belle fille

7. l'herbe / la pelle / le ver

8.
quand
comment
où

9.
le bateau
le métro
l'avion

10.
700   800   900 

11. 
les méduses molle
les méduses molles
les méduses mou

12.
le chandail
le pantalon
la chemise

13. 
la pelle
le gazon
la brouette

14. 
Elle aime lire.
Elle aime dormir.
Elle aime conduire.

La révision – Revision

B. Remplissez les tirets avec les bons mots.
Fill in the blanks with the correct words.

1. Il _____ sur le _____ et il _____ avec la _____ .

   tape
   souris
   clavier
   clique

2. Je vais à l'école en _____ . C'est beaucoup plus rapide que d'y aller à _____ .

   pied
   autobus

3. Anne prend _____ son vélo _____ . Elle n'aime pas laisser son vélo _____ .

   seul
   partout
   toujours

4. Chaque samedi, je _____ mon livre de mon sac et je _____ pendant deux heures. Ensuite je _____ pour ma leçon de danse.

   pars
   lis
   sors

C. Mettez les lettres dans les bons cercles.
Put the letters in the correct circles.

- **A** une voiture.
- **C** en bateau.
- **E** les plantes.
- **G** sur l'Internet.
- **I** mon livre.
- **B** dans un lit.
- **D** une carapace.
- **F** avec de la terre.
- **H** planter des fleurs.
- **J** des collections historiques.

1. On dort... ○
2. Je lis... ○
3. J'arrose... ○
4. On conduit... ○
5. Nous voyageons... ○
6. Les étudiants bloguent... ○
7. Les musées exposent... ○
8. Dans mon jardin j'aime... ○

9. *Je remplis ma brouette...* ○

10. Le crabe a... ○

La révision – Revision

D. Encerclez la bonne réponse.
Circle the correct answer.

1. Une boutique vend...

2. Le prix du billet est cent quarante dollars.

   Musée du Louvre 40 $

   Musée du Louvre 140 $

   Musée du Louvre 104 $

3. La méduse a des...

4. Il veut dormir.

5. Il marche lentement.

E. Rayez l'intrus.
Cross out the word that does not belong.

dormir partir
lire sortir

le dauphin
la pieuvre
le calmar
la méduse

cinq cents
trente-deux
deux cents
six cents

chanter danser
sauter réussir

le clavier
le blogue
la souris
l'écran

les chaussures
les gants
les sandales
les pantoufles

F. Reliez les mots qui conviennent.
Match the words that go together.

mille deux   demain
le biscuit   le clavier
entendre   le pilote

le lait
1002
hier
taper
l'avion
parler

Mots croisés - Crossword Puzzle

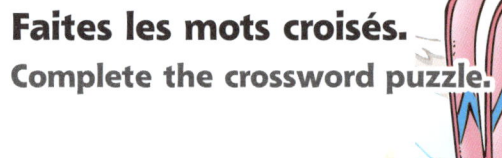

Faites les mots croisés.
Complete the crossword puzzle.

le journal
luh joor·nahl

les grains
leh grehn

le casque
luh kahsk

le surf des neiges
luh suhrf deh nehj

Nous devons porter des ___1___ pour faire du ski!

Rends-moi mon ___3___!

C'est ___2___!

Combien coûte le ___1___?
How much does the newspaper cost?

Il coûte ___4___ dollars et soixante cents.

Grade 7

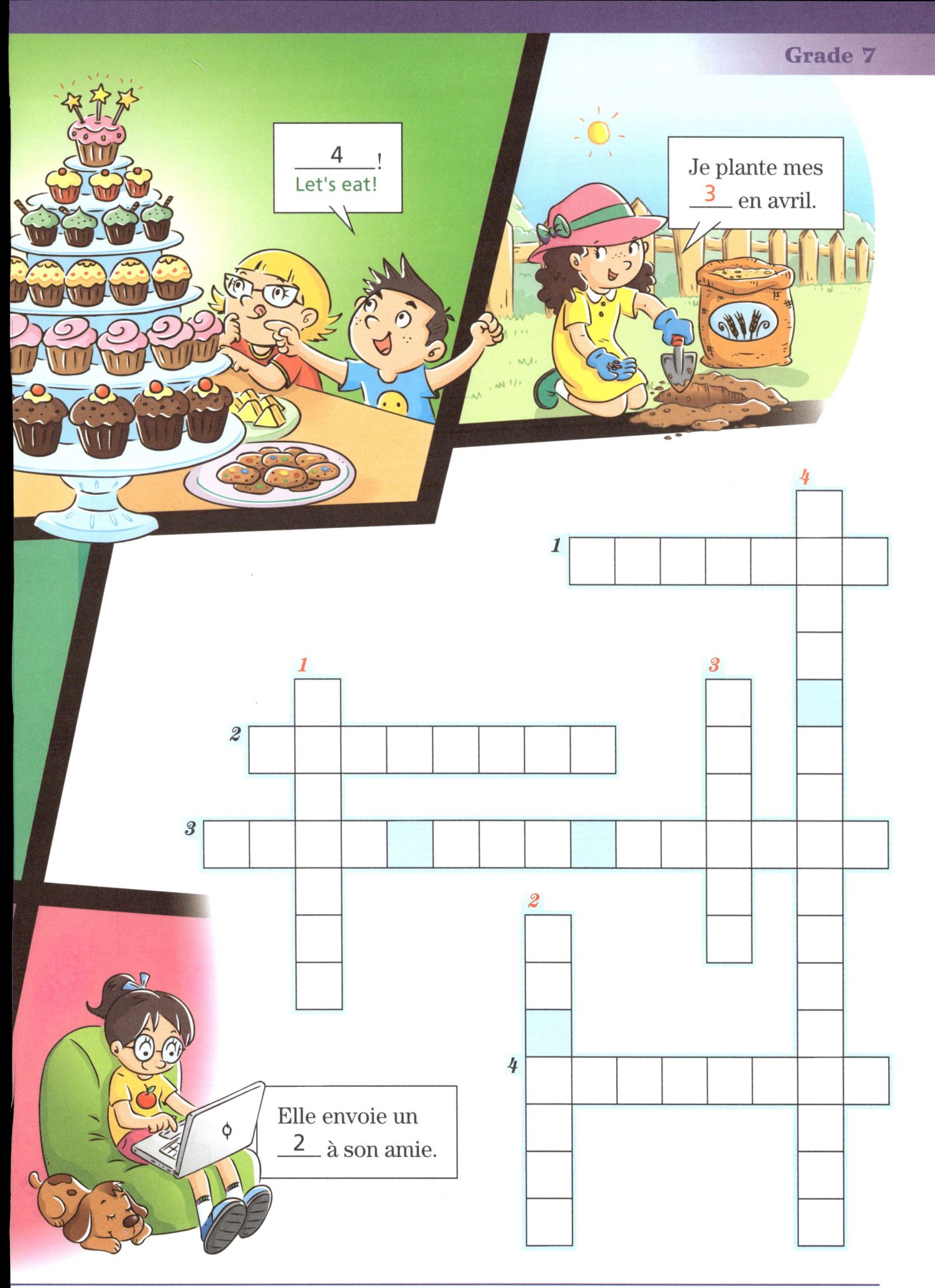

____4____!
Let's eat!

Je plante mes
___3___ en avril.

Elle envoie un
___2___ à son amie.

Mots cachés - Word Search

Trouvez les mots cachés dans la grille.
Find the words in the word search.

```
                        a t g d b â r n
                        f r o i â d h c
                        o k g à u g i a k a
o w à t v s g p a n t a l o n s u b l
j u s t e n t a c u l e s n t e p z c
z z c w   b l z l e j e â u h t k
k j u             l v v u o n i e y
                  o u p j s t n p w
```

pieuvre · tentacules · pantalon · chemise · crabe · requin · ver · dauphin · algues · muffins · billet · imprimante · jus · poulet · tarte au citron

Grade 7

d	o	b	à	k	g	y	â	v	é	i	e	x	l	t	b	s	a
e	a	l	g	u	e	s	é	n	l	e	o	c	t	t	o	p	é
k	a	à	l	y	k	b	i	s	i	k	m	–	o	à	k	i	l
m	à	y	i	m	p	r	i	m	a	n	t	e	r	d	é	e	à	m
o	v	j	u	u	y	l	n	l	h	x	u	d	t	o	f	u	o	j
z	i	e	q	f	s	e	r	t	l	é	s	z	u	q	o	v	t	z
a	y	x	r	f	s	i	e	k	u	e	t	a	e	l	u	r	–	g
u	t	a	y	i	u	p	e	i	j	v	t	s	d	f	r	e	l	y
d	s	r	s	n	à	o	s	c	s	t	a	y	e	s	c	r	s	a
m	d	e	i	s	e	u	q	h	r	d	u	d	m	d	s	v	r	x
o	m	q	f	m	i	l	q	e	k	a	e	k	e	s	e	a	n	é
p	y	u	r	g	o	e	c	m	f	k	b	s	r	y	t	g	o	x
h	e	i	k	à	m	t	e	i	d	i	e	e	i	u	a	é	n	p
m	x	n	b	a	g	r	a	s	g	h	q	w	n	j	r	r	i	k
r	o	r	d	i	n	a	t	e	u	r	u	e	u	w	t	e	c	i
à	x	d	i	u	a	z	b	y	é	l	a	b	c	p	e	v	s	h
						n	s	r	k	t	x	a	o	a	g	r
						tortue de mer	i	r	c	r	s	u	l	t	u
							k	é	e	p	a	b	c	u	o	t
							t	g	c	i	p	v	i	h	a	x
						carapace	m	c	e	l	a	p	t	u	i	v
							o	y	n	u	c	q	r	h	e	b
							p	u	t	p	e	z	o	u	a	a
							g	w	s	p	k	z	n	é	w	i

quatre cents

ordinateur

tortue de mer

carapace

Réponses Answers   Grade 7

1 La vie marine
Marine Life

A. 1. le calmar 2. la pastenague
3. le crabe 4. la baleine
5. l'étoile de mer
6. le dauphin 7. le requin
8. le homard
9. la tortue de mer
10. l'éponge de mer
11. les algues
12. la méduse
13. la pieuvre

B. Ils ont des tentacules :
le calmar ; la pieuvre ; la méduse
Ils ont une carapace :
la tortue de mer ; le homard ; le crabe
Ils ont des nageoires :
le dauphin ; le requin ; la baleine

C. la pieuvre : octopus
le homard : lobster
le dauphin : dolphin
les algues : seaweed
la pastenague : stingray

D. 1. italienne 2. belle
3. molles 4. frais
5. gros 6. douce
7. beaux 8. gentille

E. grand ; ancien ; blanche ; grises ; sombre ; profond ; blancs ; doux ; sèches ; mouillées ; gros ; délicieux ; délicats ; frais

F. 1. Je mange beaucoup de légumes frais.
2. Elles portent des jupes courtes.
3. Nous portons de nouveaux chandails de hockey.
4. Mon vieux chien n'aime plus courir dans le parc.
5. La jolie robe est dans le petit magasin.
6. Ils vont bâtir un nouvel hôtel à côté du petit pont.

G. A: grande
B: Le requin est cruel, il n'est pas gentil.
C: Le crabe est premier, il n'est pas dernier.
D: Les algues sont longues, elles ne sont pas courtes.

H. 1. plus ; que
2. moins drôle que
3. plus grande que
4. moins joli que
5. plus vieille que

2 L'impératif
The Imperative

B. 1. finis 2. mangeons
3. rends 4. réussissez
5. sautent 6. obéissent
7. réponds 8. remplis
9. parle 10. défend

C. Répondez à la questions! : C
Lave-toi! : A
Choisis un livre! : A
Finissons le cours! : B
Écoutons les annonces! : B

D. 1. Finis 2. Lave
3. Nourris 4. Rends
5. Mange 6. Chantez
7. Répondez 8. Choisissez
9. Vendons 10. Finissons
11. Remplissez

E. 1. Ne lave pas mon chandail à la machine!
2. Ne nageons jamais dans le lac!
3. Ne jouez jamais au football américain sans casques!
4. Ne mange plus de bonbons!

F. 1. Arrête de parler!
2. Arrêtons d'étudier!
3. Arrête de sauter sur ton lit!
4. Arrêtez de nager dans la piscine!
5. Arrêtez de salir vos robes!

Réponses Answers

6. Arrête de marcher sur le canapé!
7. Arrêtez d'écouter aux portes!

3 La technologie et l'Internet
Technology and the Internet

B. 1. tape ; le clavier
2. surfe ; l'Internet
3. clique ; l'icône
4. tapez
5. envoie ; un courriel

C. 1. L'étudiant, a-t-il besoin d'aide?
2. Cherchons-nous le mot clé sur le site Web?
3. Son adresse électronique est-elle vjoor245@popular.com?
4. Zoé, télécharge-t-elle ses devoirs du site Web?

D. 1. Quel   2. Quel
3. Quelles   4. Quel
5. Quelle   6. Quels
7. Quel   8. Quelles

E. 1. Quel ; jérôme177@pop.world.ca.
2. Quelle ; L'adresse de la page d'accueil est www.popularbook.ca.
3. Quelle ; La couleur principale de la page est grise.
4. quelle ; Le curseur se trouve sur l'image du garçon.
5. Quel ; Le mot de passe de Jérôme est « populaire ».
6. quelle ; Jérôme envoie le courriel à mélodie333@pop.world.ca.

F. 1. Oui
2. Non, Jérôme n'est pas sur la page d'accueil.
3. Non, Jérôme ne clique pas sur l'icône de l'imprimante.
4. Oui, Jérôme envoie le message.
5. Oui, le garçon est à gauche du message.
6. Non, le mot de passe est « populaire ».

7. Oui, le sujet du message est « FrenchSmart est un vrai régal! ».
8. Non, Jérôme n'annule pas le message.

4 Au jardin
In the Garden

B. 1. descends   2. jardin
3. tondre   4. le gazon
5. fais   6. arracher
7. les fleurs   8. travailler
9. planter   10. regarder
11. cueillir   12. arroser
13. remplir   14. arrosoir
15. regarder   16. les vers
17. la terre   18. le gazon
19. pousser

C. 1. Est-ce que
2. Est-ce que Manon pousse la brouette?
3. Est-ce que nous arrosons le jardin?
4. Est-ce que tu remplis l'arrosoir?
5. Est-ce que tu portes des gants de jardinage?
6. Est-ce que tu as faim Minou?

D. 1. Où   2. Combien de
3. Où   4. Quand
5. Comment   6. Qui
7. Pourquoi

E. 1. objet ; Qu'est-ce que Marie mange?
2. sujet ; Qui est-ce qui embrasse son chat?
3. objet ; Qui est-ce que Paul aime?

F. 1. Combien de
2. Quand est-ce que vous plantez vos graines?
3. Où est votre jardin?
4. Pourquoi est-ce que vous plantez toujours des roses?
5. Comment est-ce que vous arrosez vos plantes?
6. Comment est-ce que vous cueillez vos fleurs?

Grade 7

5 Quand? Où? Comment?
When? Where? How?

B. 1. souvent 2. maintenant
3. demain 4. aujourd'hui

C. 1. Où ; partout/là
2. Où ; ici ; là
3. Où ; près
4. Où ; là ; ici

D. 1. jouons ; ce
2. Je mange seul.
3. Le lapin saute vite.
4. Nous dansons ensemble.
5. Ça va mal.
6. Je marche lentement.
7. Le wagon descend vite!

E. 1. vais 2. ne vais pas aller
3. mange 4. dînons
5. danse 6. nageons
7. va rendre 8. ne jouent jamais

F. 1. vais finir mes devoirs dans une heure
2. vais arroser mon jardin dans un jour
3. va partir dans une minute.
4. allons prendre nos vacances dans une semaine.

6 Le magasinage
Shopping

B. 1. le pain ; la boulangerie
2. le poulet ; la boucherie
3. la laitue ; l'épicerie
4. le tee-shirt ; la boutique

C. 1. tien
2. C'est la mienne.
3. Nous aimons la nôtre.
4. Marie danse avec les siens.
5. Vous allez à la vôtre.
6. Tu embrasses le tien.

D. 1. le mien 2. la vôtre
3. les leurs 4. la nôtre
5. les siens 6. le vôtre/tien

E. 1. vôtre 2. le tien
3. la mienne 4. les nôtres/la nôtre
5. la mienne

F. 1. Combien coûte la baguette?
Elle coûte deux dollars.
2. Combien coûtent les muffins?
Ils coûtent six dollars.
3. Combien coûte la boîte de conserve?
Elle coûte soixante-dix cents.
4. Combien coûte la pieuvre/le jouet?
Elle/Il coûte quarante-cinq cents.

G. 1. Combien coûte une sucette?
Une sucette coûte deux dollars.
Combien coûtent trois sucettes?
Trois sucettes coûtent cinq dollars.
2. Combine coûte l'avion rouge?
Il coûte neuf dollars.
Combien coûte l'avion bleu?
Il coûte douze dollars.
3. Combien coûtent la blouse et la jupe?
Elles coûtent quarante-quatre dollars.
Combien coûte la robe?
Elle coûte trente dollars.
La robe est la plus chère.

7 Les verbes du 3ᵉ groupe
Verbs from the 3ʳᵈ Group

B. A: dormir B: lire
C: dire D: écrire
E: partir F: sortir

C. 1. veut 2. savons
3. doit 4. doit
5. Pouvez 6. dois
7. devez

D. dorment ; sont ; sont ; Sortez ; dormez ; peuvent ; dormir ; sors ; Devons ; partir

E. 1. lit ; lisons 2. dis ; dit
3. conduit ; conduisez
4. écris ; écris 5. lisez ; lis
6. disent ; disons 7. écrivons

Canadian Curriculum FrenchSmart • Grade 7

Réponses Answers

      8. conduisez   9. lis ; écris
    10. dites

F. 2. devoir ; 1re ; pluriel
    3. dormir ; 2e ; singulier
    4. savoir ; 1re ; singulier
    5. dormir ; 3e ; singulier
    6. vouloir ; 1re ; singulier
    7. partir ; 2e ; singulier
    8. devoir ; 2e ; singulier
    9. conduire ; 3e ; singulier
    10. partir ; 2e ; pluriel

8 Les nombres : de 1 à 1000
Numbers: 1 to 1000

B. 1. trois ; sept   2. cent ; douze
    3. seize
    4. six ; soixante-quatre
    5. cinq cent
    6. cinquante-cinq
    7. 273   8. 434
    9. 718   10. 555
    11. 312

C. A: neuf cent vingt dollars
    B: quatre-vingt-six dollars
    C: sept cent soixante-huit dollars
    D: quatre-vingt-deux ; quarante
    E: cent trente-neuf dollars et soixante cents
    F: cinq dollars et quarante-cinq cents
    G: deux cent cinquante-trois dollars et quatre-vingt-quatre cents

D. 1. sept cent soixante-dix-sept
    2. six cent soixante
    3. quatre cent quatre-vingt-dix-sept
    4. neuf cent quatorze

E. A: 250 ; Mille sur quatre, ça fait deux cent cinquante.
    B: 694 ; Deux fois trois cent quarante-sept, ça fait six cent quatre-vingt-quatorze.
    C: 780 ; Deux cent soixante fois trois, ça fait sept cent quatre-vingts.
    D: 110 ; Cinq cent cinquante sur cinq, ça fait cent dix.
    E: 102 ; Six cent douze sur six, ça fait cent deux.
    F: 820 ; Dix fois quatre-vingt-deux, ça fait huit cent vingt.

F. 1. Jean et Marie ont assez d'enfants.
    2. En hiver, il y a trop de neige.
    3. Beaucoup de fleurs poussent dans son jardin.
    4. Il a peu d'argent pour acheter la bague.
    5. Elle boit beaucoup de boisson gazeuse.

G. 1. Sa mère a trente-sept ans.
    2. a. Annie et son frère ont deux-cent trente livres.
       b. Bernard a vingt-trois livres.
    3. Il doit y mettre cent grammes de farine.
    4. un ; cent
    5. un ; mille

9 Au musée
At the Museum

B. 1. remarquer   2. fascinante
    3. expose   4. historique
    5. veut toucher 6. le plan
    7. l'atelier   8. l'exposition
    9. précieuses

C. 1. two
    2. toucher$_1$: *vt* (verbe transitif)
       meaning: to touch, to feel, to reach, to affect
       toucher$_2$: *nm* (nom masculin)
       meaning: sense of touch

D. 1. peut toucher
    2. devons attendre
    3. peux guider
    4. veulent visiter

5. dois passer
6. pouvez regarder
7. veux savoir
8. savent garder

E. 1. Pouvez ; aller
2. Peut-il faire ses devoirs?/Peux-tu faire tes devoirs?
3. Peux-tu marcher plus vite?
4. Pouvons-nous téléphoner à Marie?
5. Pouvez-vous attendre mon frère?

F. La salle ; L'exposition ; Les heures d'ouverture ; va exposer ; œuvres ; pouvez observer ; pouvez visiter ; devez ; billets ; peuvent guider ; Visitez
1. On peut voir les œuvres d'Emily Carr au Musée des beaux arts, en août.
2. On peut observer les œuvres d'Emily Carr de près.
3. Non, on peut visiter sa maison en regardant la projection du film « Emily Carr : la vie d'une artiste ».
4. On doit acheter les billets en avance.

10 Le transport
Transportation

B. 1. les rails.   2. l'arrêt d'autobus.
3. une voile.   4. un avion.

C. A: vais ; train/métro
B: Tu vas à vélo.
C: Nous allons en bateau.
D: Ils vont en avion.
E: Elle va à pied.

D. A: de ; l'école
B: Nous descendons de l'école à la bibliothèque.
C: Tu montes du restaurant à la maison.
D: Elle va du parc au restaurant.
E: Je reviens de Toronto à Montréal.
F: Vous arrivez de Montréal à New York.

E. 1. viens
2. viens du Canada.
3. a. viennent du Maroc.
   b. vient du Maroc.
4. a. venons de la France.
   b. vient de la France.
5. a. venez de l'Angleterre.
   b. viennent de l'Angleterre.

F. 1. de ; à   2. à ; de
3. à   4. à

G. 1. de   2. à
3. de   4. d'
5. à   6. à
7. de ; à   8. à

H. à ; en ; de ; à ; à ; au ; des ; des ; des ; à ; de ; au ; au ; à ; au
1. Elle va à Paris.
2. Elle rêve des croissants, des pains au chocolat et des tartes aux abricots.
3. Elles boivent du chocolat chaud en attendant leurs croissants.

La révision
Revision

A. 1. planter   2. la pieuvre ; le crabe
3. la souris   4. mille
5. le billet   6. une belle fille
7. la pelle   8. où
9. le bateau   10. 800
11. les méduses molles
12. la chemise
13. le gazon
14. Elle aime lire.

B. 1. tape ; clavier ; clique ; souris
2. autobus ; pied
3. toujours ; partout ; seul
4. sors ; lis ; pars

C. 1. B   2. I
3. E   4. A
5. C   6. G
7. J   8. H
9. F   10. D

Réponses Answers

Grade 7

D. 1.  (t-shirt / chemise)
2.  (Musée du Louvre 140 $)
3.  (tentacules)
4.  (lit)
5. (garçon)

E. lire ; le dauphin ; trente-deux ; réussir ; le blogue ; les gants

F. le lait : le biscuit
1002 : mille deux
hier : demain
taper : le clavier
l'avion : le pilote
parler : entendre

Mots cachés
Word Search

Mots croisés
Crossword Puzzle

Across:
1. casques
2. courriel
3. surf des neiges
4. mangeons

Down:
1. journal
2. lien
3. grands
4. centtrente-neuf

80 Canadian Curriculum FrenchSmart · Grade 7   ISBN: 978-1-927042-19-9